中国战斗机设计一代宗师 · 歼10飞机总设计师 · 中国工程院院士 · 感动中国2009年度人物

档案见证新中国航空工业：

宋文骢院士

航空工业档案馆　　成都飞机设计研究所　编

航空工业出版社

北京

内 容 提 要

宋文骢是自然科学研究员、中国工程院院士，中国飞机战术和气动布局专业创建人之一，著名飞机总设计师、先进战斗机自主研发的奠基人和航空领域战略科学家。他先后担任歼7Ⅲ飞机（也称歼7C）和歼10飞机总设计师，带领研制团队攻克难关打造出大国重器。他主持研制的歼10飞机，实现了中国战斗机从国际第二代向第三代的跨代跃升，标志着中国航空武器装备实现了从测绘仿制到自主创新的历史性跨越，在中国航空工业发展史上具有承前启后的里程碑意义。

宋文骢的人生和事业与中国社会的变革进程同步，与新中国航空事业发展历史同行。本书从档案角度出发，以宋文骢的成长为主线，以历史档案为佐证，从初心与理想、追求与担当、人格与精神、亲情与爱情、奉献与风范等多个维度立体展现宋文骢波澜壮阔的一生，铭记他对祖国和人民的丰功伟绩，传承他为人治学的崇高品德和开拓创新的科学精神。

本书适合所有关心我国航空事业的人群阅读。

图书在版编目（CIP）数据

档案见证新中国航空工业. 宋文骢院士 / 航空工业档案馆，成都飞机设计研究所编. -- 北京 ：航空工业出版社，2025.2. -- ISBN 978-7-5165-4015-2

Ⅰ. K826.16

中国国家版本馆CIP数据核字第20246KS061号

档案见证新中国航空工业：宋文骢院士
Dang' an Jianzheng Xinzhongguo Hangkong Gongye: Song Wencong Yuanshi

航空工业出版社出版发行
（北京市朝阳区京顺路 5 号曙光大厦 C 座四层　100028）
发行部电话：010-85672666　010-85672683　读者服务热线：010-85672635

北京富泰印刷有限责任公司印刷　　全国各地新华书店经售
2025 年 2 月第 1 版　　2025 年 2 月第 1 次印刷
开本：787×1092　1/16　拉页 1　　字数：201 千字
印张：10　　定价：168.00 元

档案工作存史资政育人，
是一项利国利民、惠及千秋
万代的崇高事业。
——2021年7月6日，习近平总书记作出重要批示
航空工业档案馆

民解放軍佈告

科学家精神：

爱国、创新、求实、奉献、协同、育人①

科学家精神

胸怀祖国、服务人民的爱国精神

勇攀高峰、敢为人先的创新精神

追求真理、严谨治学的求实精神

淡泊名利、潜心研究的奉献精神

集智攻关、团结协作的协同精神

甘为人梯、奖掖后学的育人精神

---

① 2019 年 5 月，中共中央印发《关于进一步弘扬科学家精神加强作风和学风建设的意见》，首次提出以“爱国、创新、求实、奉献、协同、育人”为内核的科学家精神，明确指出要“自觉践行、大力弘扬新时代科学家精神”，为广大科技工作者提供了奋进的动力。2020 年 9 月，习近平总书记在科学家座谈会讲话中再次强调要大力弘扬科学家精神，创造良好科研生态，为建设世界科技强国凝魂聚力。2021 年 9 月，科学家精神被纳入第一批中国共产党人精神谱系的伟大精神。

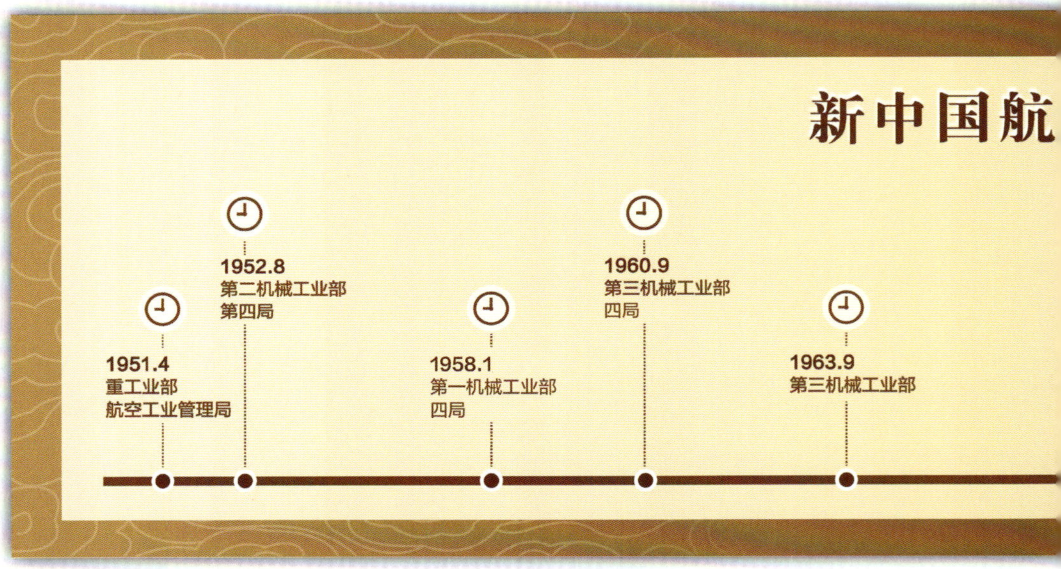

新中国航
1951.4
重工业部
航空工业管理局
1952.8
第二机械工业部
第四局
1958.1
第一机械工业部
四局
1960.9
第三机械工业部
四局
1963.9
第三机械工业部

业历史沿革

3
业部

1988.4
航空航天工业部

1993.6
中国航空工业
总公司

1999.7
中国航空工业
第一集团公司

1999.7
中国航空工业
第二集团公司

2008.5至今
中国商用飞机
有限责任公司

2008.11
中国航空工业
集团公司

2016.8至今
中国航空发动机
集团有限公司

2017.12至今
中国航空工业集团
有限公司

民解放軍佈告

序 言

纪念是为了更好地前行，缅怀是为了更好地奋进。

2016 年 3 月 22 日，宋文骢院士因病医治无效，在北京逝世。青骥奋蹄向云端，老马信步小众山，在为新中国航空工业奋斗了近60年之后，他终于得以放下重担，安然长息，将他一生钟爱的事业交到了后辈的手中。

宋文骢院士去世这天，距离歼 10 战斗机的 18 岁“生日”仅差了一天。无法计算有多少人是因为宋文骢这个名字而知道歼 10 飞机，也无法计算有多少人是因为歼 10 飞机而去了解宋文骢。可以坚信的是，宋文骢、歼 10，这两个名字注定要在新中国航空工业发展史上恒久闪耀。

每年三四月间，在中航工业成都飞机设计研究所青羊园区，来到宋文骢院士的塑像前瞻仰的人络绎不绝，或献花悼念，或庄严宣誓，人们以各种方式纪念和缅怀这位新中国航空工业的一代宗师。

编撰这本画册，是航空档案人纪念宋文骢院士的方式。这本画册以宋文骢的成长为主线，以历史档案为佐证，从初心与理想、追求与担当、人格与精神、亲情与爱情、奉献与风范等多角度展现宋文骢波澜壮阔的一生。希望我们翻阅画册时，能够切实感受到他一直在我们身边，不曾远离；能够学习到他为人治学的崇高品德、开拓创新的科学精神；能够探究到他报国强国、无畏担当的精神密码。

宋文骢的一生，是与中国航空事业紧密相连的一生。童年时，他目睹日军飞机的狂轰滥炸，立下报国强军的远大理想；青年时，他投身革命事业，参加抗美援朝；随后进入航校和哈军工学习，叩响航空科技大门；毕业后，他转战苍茫北国与巴山蜀水，成为新中国航空科技事业的先行者与开拓者。

从游击队员到侦察战士，从飞机机械师到哈军工学子，近乎传奇的经历使他拥有了坚强的体魄，更锻炼了他不畏艰难、愈战愈勇的精神品格。歼 8 飞机研制过程中，他结合当时我国的实际情况，主张采用双发方案并得到采纳；歼 9 研制虽经历多次起伏，但他绝不轻言放弃，走完了预研全程；歼 7 Ⅲ项目他提出“全过程必须按自行设计进行”的要求，完完整整地走过了第二代歼击机从设计到定型装备部队的全过程，实现了中国战斗机从引进仿制到自主研制的历史跨越，开启了中国航空武器装备从跟踪发展到自主创新的历史进程。

在歼 10 飞机的研制过程中，虽然面临技术落后、设备不足、经费短缺等困难和挑战，但已经年过半百的宋文骢凭借着坚定的信念和顽强的毅力，带领研制团队创建新专业、建立新体系，在陡峭的技术跨度与薄弱的工业基础的矛盾中，攻克一个又一个难关，最终打造出大国重器，让中国拥有了具有自主知识产权的第三代战斗机。

事非经过不知难。通过歼 10 项目，我们打通了先进战斗机设计研发制造全流程。1974 年美国 F-16 战斗机首飞，1997 年 F-22 战斗机首飞；1998 年我国歼 10 飞机首飞，2011 年歼 20 首飞。从第三代战斗机到第四代战斗机，美国用了 23 年，我们用了 13 年；在新的征程上，这个差距还在快速缩小。这期间，宋文骢不拘一格使用人才，为青年才俊传道、授业、解惑，搭梯子、建平台，培养了一批又一批优秀骨干。歼 10 项目之初提出的“研制一代先进战斗机，建设一流研制基地，培养一支掌握先进设计技术人才队伍”的三大目标任务全部实现，并在新的项目上不断得到检验。

新中国航空工业创建 70 余年来，以宋文骢为代表的一代代航空人薪火相传、生生不息，践行忠诚奉献、自力更生、艰苦奋斗、勇攀高峰的航空报国精神，托起了新中国航空事业腾飞的光荣与梦想。阅读宋文骢的人生经历，如同阅读新中国航空事业波澜壮阔的发展历程；透过宋文骢的人生经历，如同通过中国航空事业寻找民族的脊梁和人生的信仰。

传承，是最好的纪念。希望通过这本画册，能够让更多的人了解宋文骢院士的传奇人生，感受他的爱国情怀、奉献精神和创新意识，从而激励一代又一代航空人不断前行，为实现航空先进装备向高端装备跨越、建成现代航空工业体系而努力奋斗。

编者

宋文骢院士寄语

只有独立的思维和行动，

才能研制出属于中国自己的飞机！

老马信步小友山，

青骥奋蹄白云端。

深幽崎峻通天路，

同心无畏任我攀。

宋文骢院士简介

宋文骢（1930.3—2016.3），男，汉族，云南省大理县人，中国共产党党员，自然科学研究员、中国工程院院士，中国飞机战术和气动布局专业创建人之一，著名飞机总设计师、先进战斗机自主研发的奠基人和航空领域战略科学家。

1930年3月26日，宋文骢出生于云南昆明。1946年秋，宋文骢进入天南中学就读，接受中国共产党的进步思想，秘密参加党的外围组织“中国民主青年同盟”。1949年7月，宋文骢正式参加中国新民主主义青年团，即现在的共产主义青年团，随后成为中国人民解放军滇桂黔边纵队的一名侦察员。

1950年，宋文骢加入长春空军第二航校。1951年5月，宋文骢提前毕业，成为抗美援朝志愿军战士，在空军第9师27团担任机械师。1954年8月，宋文骢考入哈尔滨军事工程学院。1958年秋冬之际，“东风”113起步，宋文骢参加了“东风”项目，分到沈阳国营松陵机械厂（现中航工业沈阳飞机工业（集团）有限公司）设计室，担任该型飞机总体设计组组长。

1961年8月，新组建的国防部第六研究院第一研究所（现沈阳飞机设计研究所）诞生，宋文骢担任气动布局组组长。1964年，在我国第一架自行设计的超声速歼击机——歼8飞机的研制过程中，宋文骢力主的双发方案获批，这是歼 8 飞机研制成功的关键一着。

1970 年，宋文骢离开沈阳，赴西南成都组建新的战斗机研究所，即现在的成都飞机设计研究所。1980 年，宋文骢担任成都飞机设计研究所副所长、总设计师，随后任中国“六五”第一个重点项目歼 7 Ⅲ飞机的总设计师。歼 7 Ⅲ飞机是具有中国自主知识产权的中高空高速全天候轻型歼击机。它的研制成功，填补了中国轻型全天候歼击机的空白，使中国跨入能完全独立自主研制第二代歼击机的国家行列。

1982 年 2 月 16 日，宋文骢参加在北京召开的新机研制方案评审论证会。两个月后，宋文骢在第二次新歼方案论证会上介绍了新式布局的飞机模型，这是第三代战斗机歼 10 的雏形。在这之后的两年多时间里，经过多次论证、研究和评审，新的方案被确定为中国新一代战机歼 10 的总体方案。随后，歼 10 飞机项目被列为国家重大专项，56 岁的宋文骢被任命为歼 10 飞机总设计师。

1985 年，宋文骢主持组建了中国第一个航空电子系统研究室，突破数字综合航空电子系统的国内研究空白。歼 10 的研发过程，也是不断突破和迈向新目标的过程：国内从未设计过的腹部进气道，国内独一无二的水泡式座舱，中国第一个具有国际先进水平的数字式电传飞控系统铁鸟试验台，国内第一个高度综合化航电武器系统动态模拟综合试验台等。

在歼 10 项目中，宋文骢率先提出“自顶向下设计，自下而上综合”、各大系统都必须由总设计单位综合的系统设计思路，制订了一系列跨行业、跨部门的设计师系统管理文件和程序，实行产品技术状态活页式档案管理，大大提高了产品质量和设计水平。

1998 年 3 月 23 日，歼 10 飞机成功实现首飞；2003 年 3 月 10 日，歼 10 飞机正式交付空军；同年，宋文骢当选院士；2004 年 4 月 13 日，歼 10 飞机最终通过国家航定委的设计定型审查。

2009 年 10 月 1 日，在庆祝中华人民共和国成立 60 周年阅兵式上，歼 10 编队飞过天安门广场上空。

2016 年 3 月，宋文骢在北京因病医治无效逝世，享年 86 岁。宋文骢先后荣获全国优秀科技工作者称号和五一劳动奖章、航空航天工业部有突出贡献专家、何梁何利科学与技术进步奖、全国科技进步奖特等奖等多项奖项和荣誉称号，也曾当选“感动中国 2009 年度人物”。

目 录

少年立志，心怀救国；中年发奋，航空强国。

如今，他的血液已融进钢铁雄鹰。青骥奋蹄向云端，老马信步小众山。

他怀着千里梦想，他仍在路上。

民解放軍飾

第一部分

少时不拘一格，青春戎装无悔

一、童稚无畏破常规，少年敏思立宏志

宋文骢，1930 年 3 月 26 日出生于云南省昆明市普通市民家庭，为家中长子，父母取小名“泰斗”，学名“文骢”，“文”是宋氏家族字辈，“骢”是名，意为驰骋聪慧之马。

宋文骢的父亲（右二）、母亲（左一）、大妹（左二）、小妹（右一）及外甥（左三）的合影

宋文骢的父亲宋善初，是个本分老实、略显内向的小商人，当时在昆明城里金马牌坊附近开了家叫“怡和”的香烟铺。母亲黄凤仙，出生在城市贫民家庭，虽没读过书，但贤淑聪颖，做事热心认真，家里的很多事都由她做主。

1949 年，宋文骢（右）与弟弟宋文明（左）合影

宋文骢兄弟姐妹 7 人。大弟文明，二弟文端（早逝），三弟文鸿，四弟文智，大妹文琴，小妹文慧。在他们记忆中，父母文化虽然不高，但对他们最重要的教诲有两点：一是要学会做人，做一个正派正直的人；二是要认真读书，只有学好本领才是立身之本。

小时候的宋文骢是个顽皮的孩子，老一辈人骂他“飞天神王”，即无法无天的顽皮大王。几岁时，他就把楼上走廊栏杆当平衡木，从家里二楼的窗户爬出去，在一楼的房檐上走来走去，看到此景的父亲吓出一身冷汗；还有一次，他双手撑在水井栏上玩“双杠”游戏，吓坏了他的奶奶。诸如此类不守规矩的事迹，不胜枚举。

宋文骢儿时在大理的故居

2009 年 4 月，宋文骢回到大理故居

幼年宋文骢虽然调皮，却也是一位聪颖敏思的少年。5 岁那年，他被父亲送到学堂读书，就读于昆明市十三校。宋文骢的童年是在日军对大后方轰炸的硝烟战火中度过的，小学期间家人为躲避战火还为他转学到大理读过两年书，后又转回昆明。“在我小时的记忆中，似乎满街都是难民和伤兵，时常见到的都是焦土和弹坑。日本人的飞机，几乎每天都在头上盘旋，隔三岔五就来轰炸昆明……”这段经历给宋文骢带来了不可磨灭的伤痛，同时也让他萌生了要去开飞机炸日军的想法。

1944 年 9 月，宋文骢考取素有“滇西最高学府”之称的西云书院（光绪三年创办，1953 年起更名为云南省大理第一中学）。这所中学以治学严谨而蜚声遐迩，“读书养气，敬业乐群”是这所学校的校训。宋文骢在这里学习了两年，打下了坚实的学习基础。同时，他酷爱体育运动，单杠、双杠、打拳、撑杆跳、游泳都是他擅长的项目。长期坚持不懈的体育锻炼，让他身强体壮、灵活敏捷。

云南省立大理中学教学楼

云南省立大理中学校园

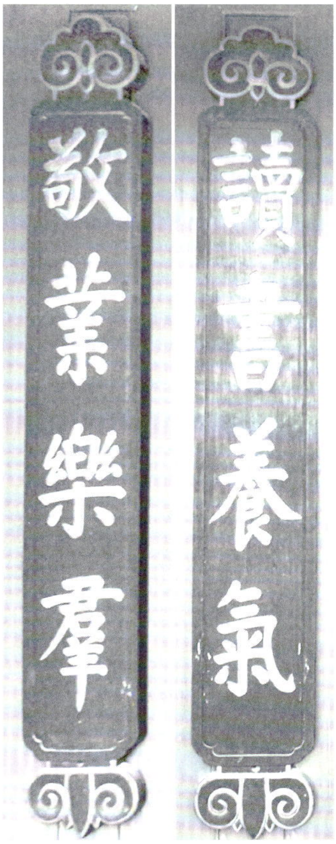

云南省立大理中学校训

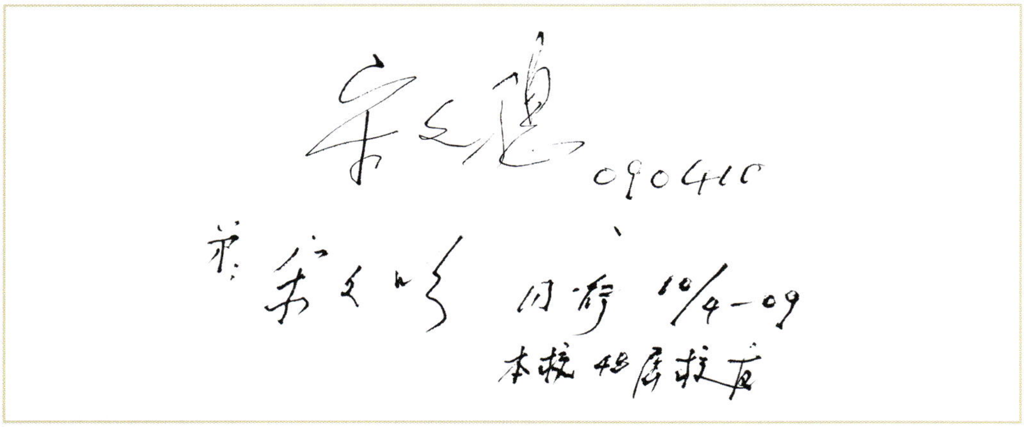

2009 年 4 月，宋文骢在母校云南省大理第一中学（左上）

2009 年 4 月，宋文骢（右）与弟弟宋文明在母校合影（右上）

2009 年 4 月，宋文骢为母校签名留念（右下）

2009 年 4 月，宋文骢和宋文明的签名（下）

二、青年敢为赴梦想，身披戎装迎曙光

1946 年夏天，宋文骢以优异的成绩从云南省立大理中学毕业，并于当年 9 月考进昆明天南中学读高中，开启了一段新的学习生涯。宋文骢读书非常刻苦，外语学得尤其好，在中学时期他就能用英语和同学交流。

除了学习文化知识，宋文骢还在这所民主、开明的学校接受进步思想。从 1942 年起，昆明天南中学就有中共地下党在活动，宣传抗日救亡、反对消极抗战。宋文骢受到革命思想的影响和熏陶，看了不少地下组织和同学私下传给他的进步书籍和报刊。渐渐地，他从思想上认同了共产党建立新中国的主张。进学校后不久，他便投入到“反饥饿、反内战”的学生运动中。他在运动中非常活跃，表现出色，被推选为纠察队队长。1948 年，宋文骢通过学校地下党组织的观察和考验，在同学陆俊志的介绍下，秘密加入“中国民主青年同盟”（简称“民青”）。从此，宋文骢成为共产党外围组织的一员。“从参加党的外围组织起，我这一辈子就和党的事业连在了一起。以后几十年，我在信念上从来没有过动摇……”除了读书，他几乎全身心投入到革命工作中。

在天南中学读书时远足的宋文骢

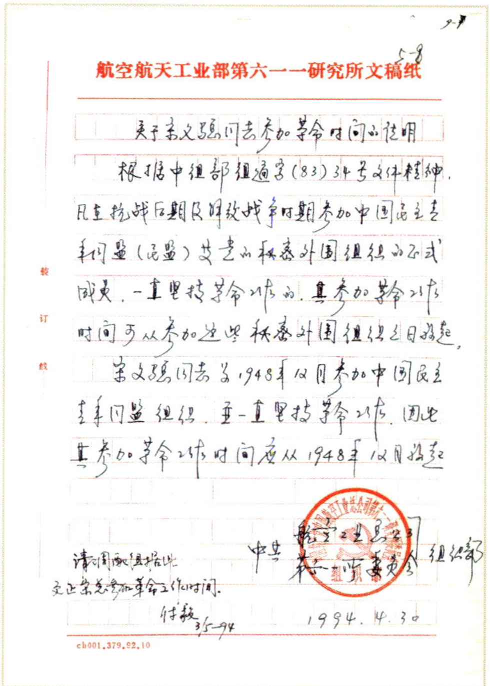

航空航天工业部第六一一研究所文稿纸

关于宋文骢同志参加革命时间的证明

根据中组部组通字(83)34号文件精神，凡在抗战后期及解放战争时期参加中国民主青年同盟（民盟）并是党的秘密外围组织的正式成员，一直坚持革命工作的，其参加革命工作时间可从参加这些秘密外围组织之日算起。

宋文骢同志是1948年12月参加中国民主青年同盟组织，并一直坚持革命工作，因此其参加革命工作时间应从1948年12月算起。

中共……组织部

1994. 4. 30

cb001.379.92.10

关于宋文骢参加革命时间的证明

1949年6月，宋文骢高中毕业，随即离家到滇桂黔边纵解放区去参军。他来到云南泸西县板桥镇滇桂黔纵队政治部干部训练班，受到司令员庄田、副司令员朱家璧的接见，随后参加了一个月集训。7月，宋文骢正式加入中国新民主主义青年团，即现在的共产主义青年团。集训结束后，宋文骢被分配到滇桂黔纵队司令部参谋处二科当侦察员，正式成为中国人民解放军一员。

1949年，宋文骢（左）参加边纵前夕与同学合影

1949年，云南边纵司令部参谋处二科合影（右上角突出显示为宋文骢）

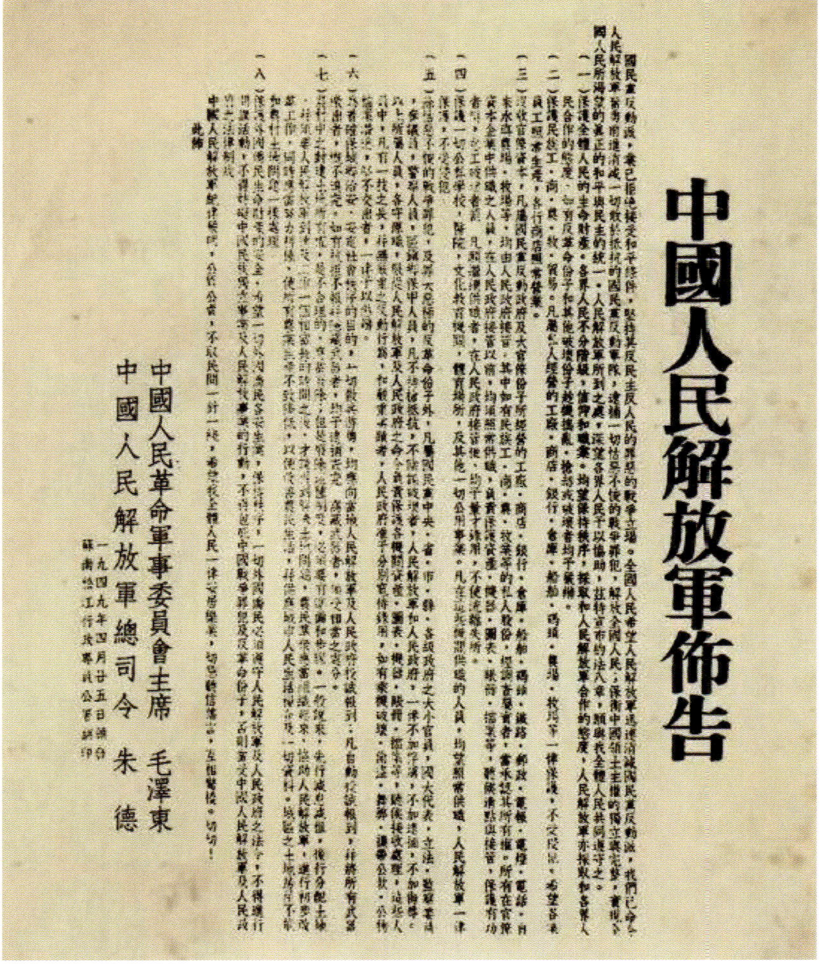

中國人民解放軍佈告

中國人民革命軍事委員會主席　毛澤東
中國人民解放軍總司令　朱德

中国人民解放军“约法八章”

昆明解放前夕，宋文骢接到组织安排的任务，潜回昆明给当地的地下党组织送去党的机密情报和一捆人民解放军的“约法八章”。执行任务的过程中，危机四伏，宋文骢乔装打扮成山里的农民，面对国民党宪兵的盘查，他沉着冷静，应付自如，最终顺利完成任务。

1950 年 2 月，解放大军进驻昆明城后，宋文骢在云南军区情报处担任课报员，他曾戏称他们是新中国培养的第一批“间谍”。因工作出色，宋文骢很快就担任了谍报组和侦察组组长。

民解放軍佈

第二部分

壮志凌云冲天，锐气省旧觅新

一、志在蓝天赴航校，勤勉苦学严修身

20 世纪 50 年代初，新中国航空工业刚刚起步，中国人民解放军接管的国民党政府 6 家航空修理厂近似作坊，厂房简陋，设备陈旧，技术人员奇缺；仅有的 100 多架飞机多数为美国、日本等国家在二战前及二战期间使用过的，性能落后，备件缺乏，大多已不能供作战使用。发展航空工业被列为国家重要议程，全国新办了多所航空学校，开始加紧航空人才培养。根据《中苏友好同盟互助条约》，苏联派出 5 个中队的空军驻扎东北，援建中国空军，大批专家被派往航校参与建设工作。1950 年 1—2 月，新组建的中国人民解放军空军面临着解放沿海岛屿作战和担负要地防空任务的双重压力，亟须充实人员和加强力量。为了落实毛泽东主席必须迅速加强空军力量的指示，空军提出扩大航校培训规模。6 月 25 日，朝鲜战争爆发，中央军委也决定挑选一批条件优秀的同志充实到空军部队。

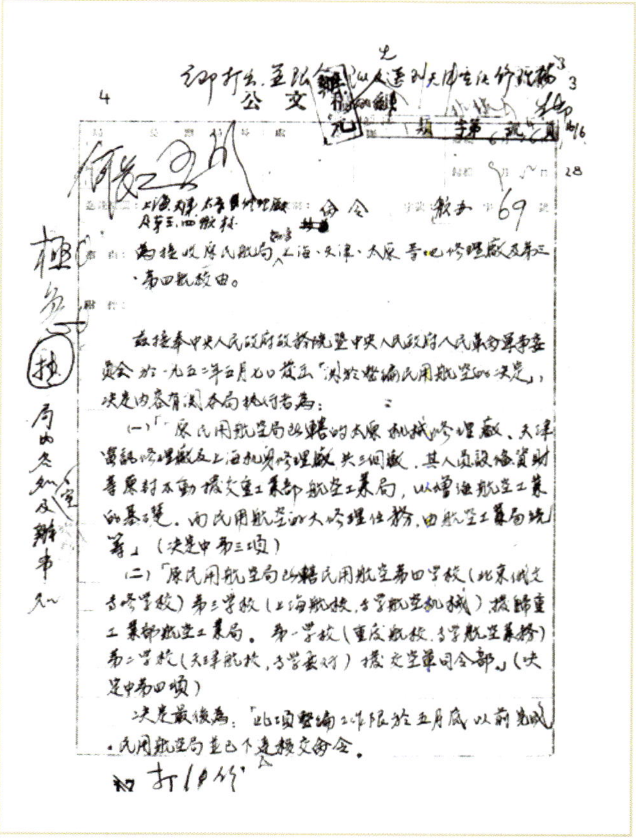
公文

命令

為接收原民航局上海、天津、太原等地修理廠及第三、第四航校由。

茲接奉中央人民政府政務院暨中央人民政府人民革命軍事委員會於一九五二年五月七日發出「關於整編民用航空的決定」，決定內容有關本局執行者為：

（一）「原民用航空局所轄的太原機械修理廠、天津電訊修理廠及上海機件修理廠共三個廠，其人員設備資財等原封不動撥交重工業部航空工業局，以增強航空工業的基礎。而民用航空的大修理任務，由航空工業局統籌」（決定中第三項）

（二）「原民用航空局所轄民用航空第四學校（北京[illegible]專修學校）第三學校（上海航校，專學航空機械）撥歸重工業部航空工業局。第一學校（重慶航校，專學航空業務）第二學校（天津航校，專學電訊）撥交空軍司令部」（決定中第四項）

決定最後為：「此項整編工作限於五月底以前完成。民用航空局並已下達移交命令。

新中国航空工业接管 6 家航空修理厂文件

1950 年 8 月，宋文骢因表现突出，被部队领导选中，去重庆参加空军飞行员考试。但是，阴差阳错，因为身体原因没考上飞行员的宋文骢，

却被中国人民解放军空军第二航校（又称长春空军第二航校）录取，成为第一期机械科学员。

1950 年 10 月 19 日，宋文骢进入航校不久，中国人民志愿军入朝参战。宋文骢立志学成报国，他很快掌握了航空知识和维护修理的理论基础，而且一有空闲，他就爬上飞机钻研摸索；入学半年后，他已成为第一期学员中的佼佼者。

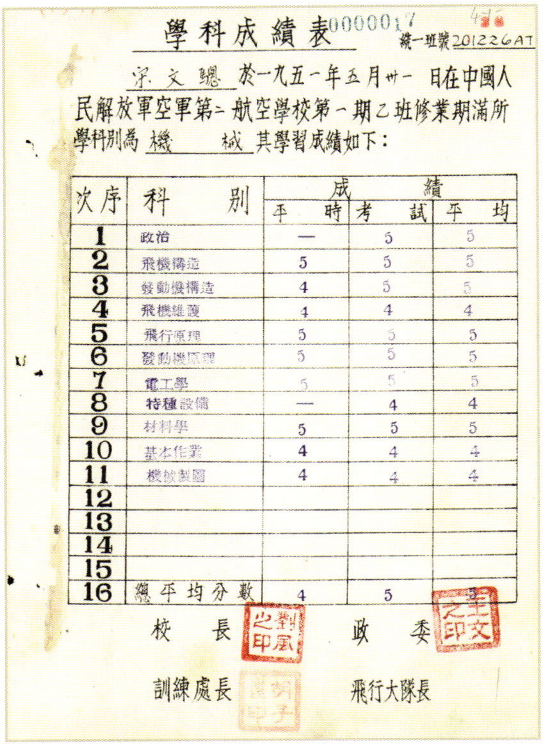

學科成績表 0000017

統一班號 201226AT

宋文驄 於一九五一年五月卅一日在中國人民解放軍空軍第二航空學校第一期乙班修業期滿所學科別為 機械 其學習成績如下：

次序	科別	成績 平時	考試	平均
1	政治	—	5	5
2	飛機構造	5	5	5
3	發動機構造	4	5	5
4	飛機維護	4	4	4
5	飛行原理	5	5	5
6	發動機原理	5	5	5
7	電工學	5	5	5
8	特種設備	—	4	4
9	材料學	5	5	5
10	基本作業	4	4	4
11	機械製圖	4	4	4
12				
13				
14				
15				
16	總平均分數	4	5	5

校長　　政委

訓練處長　　飛行大隊長

宋文骢在长春空军第二航校学习时的成绩表

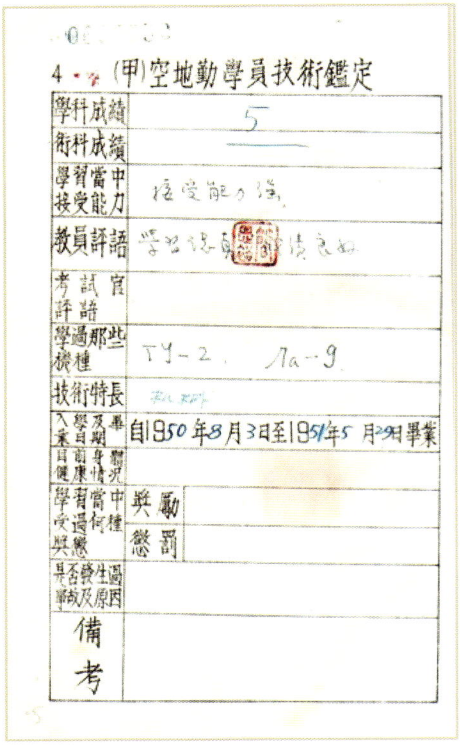

4 (甲)空地勤學員技術鑑定

學科成績	5
術科成績	
學習當中接受能力	接受能力強
教員評語	學習認真[illegible]績良好
考試官評語	
學過那些機種	TY-2，Ла-9
技術特長	[illegible]
入學及畢業日期	自1950年8月3日至1951年5月29日畢業
目前身體健康情況	
學習當中受過何種奬懲	奬勵
	懲罰
是否發生過事故及原因	
備考	

宋文骢从长春空军第二航校毕业时的学员鉴定

二、修理飞机速成长，善于思考多积累

1951 年 5 月，在长春空军第二航校经过一年的学习之后，宋文骢作为第一期的优秀学员提前毕业，被分配到空军第 9 师 27 团担任机械师，参与到抗美援朝战争中。空军第 9 师 27 团基地在吉林孤店子机场，主要任务是保卫小丰满电站。基地里一批经验丰富的苏联机械师和中国的空地勤人员一对一搭配工作，宋文骢在这个时期迅速成长。他一方面虚心向苏联机械师学习请教，另一方面在实际的飞机维护修理中锤炼技艺、积累经验，两年后就升任中队机械长。他在维护修理飞机时力求做到一丝不苟、精益求精，经他维护的飞机都能保证飞行安全，那时大队长驾驶的飞机就由他专门负责维护。

抗美援朝时期担任空军第 9 师 27 团机械长的宋文骢（中）

宋文骢与战友的合影（后排右）

由于在志愿军时期的出色表现和贡献，1951—1953 年，宋文骢先后荣立二等功 1 次、三等功 3 次，并获全师通报嘉奖 1 次，他担任机械长的中队也荣立集体功。1953 年 2 月，由大队政委瞿绪承、机务主任薛维彩介绍，宋文骢光荣加入中国共产党。

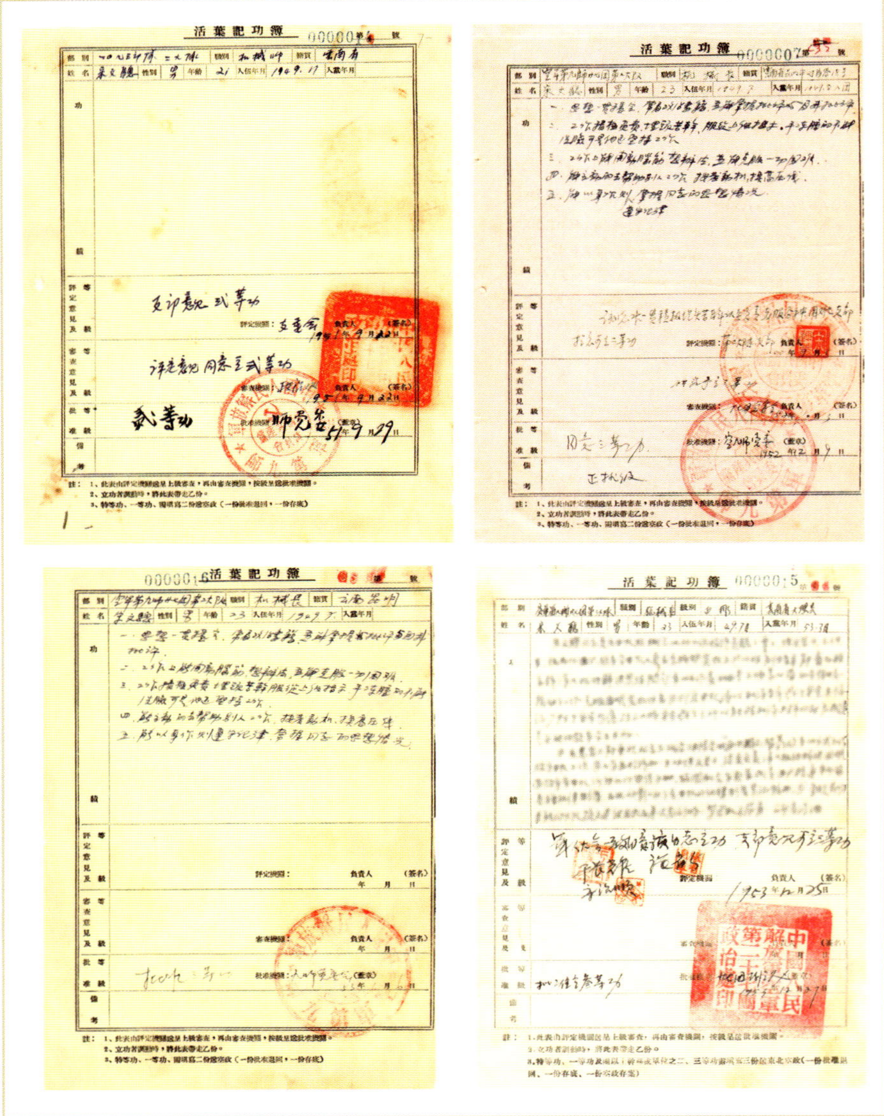

1951—1953 年，宋文骢 1 次荣立二等功、3 次荣立三等功的材料

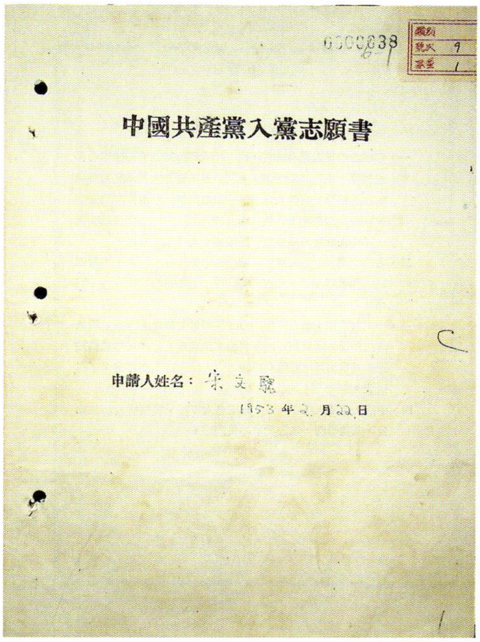

中國共產黨入黨志願書

申請人姓名：宋文驄

1953年2月22日

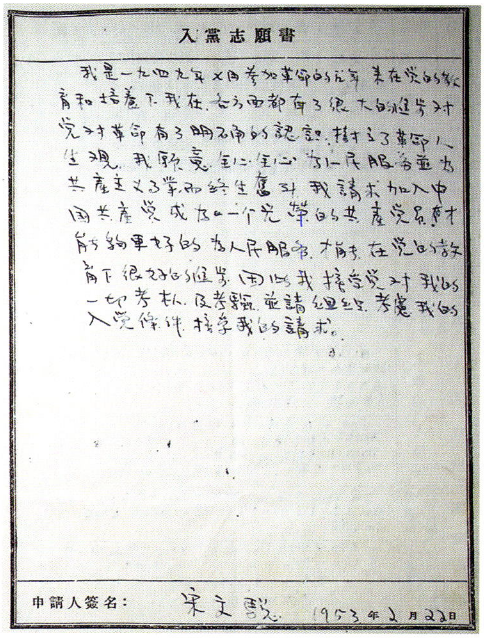

入黨志願書

我是一九四九年[illegible]月参加革命的青年，来在党的教育和培養下我在各方面都有了很大的進步，对党对革命有了明確的認識，樹立了革命人生觀。我願意全心全意为人民服务並为共產主义事業而終生奮斗。我請求加入中国共產党，成为一个光荣的共產党员，更能夠更好的为人民服务。相信在党的教育下很好的進步。因此我接受党对我的一切考驗及考驗，並請組织考慮我的入党條件，接受我的請求。

申請人簽名：宋文驄 1953年2月22日

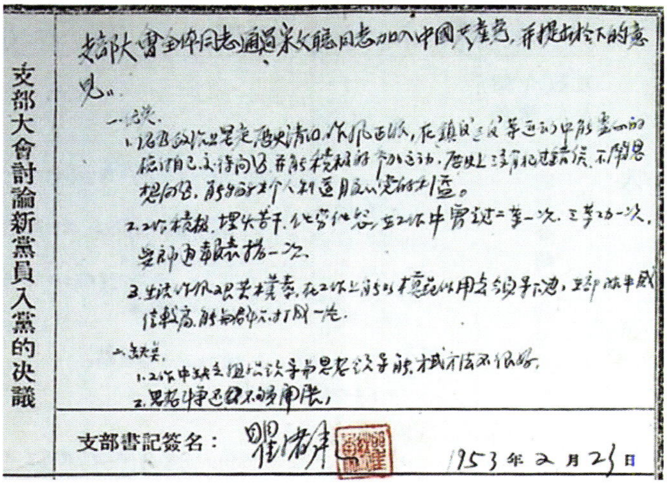

支部大會討論新黨員入黨的決議

支部大會全体同志通過宋文驄同志加入中国共產党，并提出以下的意见。

一、优点。

1.[illegible]历史清白，作风正派，在镇反等运动中能[illegible]检讨自己[illegible]並能积极参加运动，历史上没有[illegible]，不闹思想问题，[illegible]。

2.工作积极，埋头苦干，任劳任怨，在工作中曾获二等功一次、三等功一次，[illegible]通報表揚一次。

3.生活作风艰苦樸素，在工作上[illegible]

二、缺点。

1.工作中[illegible]

2.思想作风不够开朗，

支部書記簽名：[illegible]

1953年2月23日

1953年，宋文驄的入党志愿书（上）

1953年，支部大会讨论宋文驄入党时党支部的意见（下）

宋文骢喜欢思考，在飞机维护修理的过程中，他会仔细琢磨各种型号的飞机在结构、动力、机翼、操纵、武器装备等方面的异同之处，比较优劣之点。同时他也善于同飞行员交流，听取飞行员对驾驶各型飞机的体会和感受。他将这些情况与维护修理的故障和问题都一一记录，还跟战友们讨论分析，实践让他对飞机的认识越发深入；结合自己的认识，他甚至发现一些苏制飞机存在着先天的设计和制造缺陷。

战争是残酷的，每当宋文骢听到自己的战友有去无回，看到归来的飞机千疮百孔，他的心情都异常沉重。面对新生的中国空军和英勇的空军战士，在有了自己的沉淀和理解后，他开始思考，中国何时才能拥有在速度、航程、机动性和战斗力等方面都能超越美军的飞机。

1954 年，在空军第 9 师 27 团的宋文骢

1954 年 8 月，空军第 9 师 27 团集体照（前排右三为宋文骢）

三、军校学习炼铁魄，四气厚植赤子心

1952 年 6 月，党中央、中央军委开始筹建中国人民解放军军事工程学院。1953 年 9 月 1 日，这所得到苏联专家团援助、云集国内最权威工程技术精英的中国军事工程的“黄埔军校”在哈尔滨落成，简称哈军工。

在哈军工读书期间的宋文骢

1954 年 8 月，宋文骢的命运再次发生转折，经部队推荐，他顺利考取哈军工。由于有航校学习的基础，又有在空军基地做机械师的实践，他作为第三期学员被录取到空军工程系一科飞机和发动机专业。而空军工程系作为学院第一系，更是云集了国内知名学者如马明德、罗时钧、庄逢甘、董绍庸、张寿宝等教授。宋文骢在哈军工度过了五年八个月的学习与生活。在这期间，他全身心地投入对科学理论知识的学习中，同时也长期坚持体育锻炼，保持强健体魄。学校严格的学习淘汰制和严酷的军事化训练，赋予了他难得的专业能力、罕见的毅力与负责的精神，这使他后来的几十年受益无穷。哈军工培养的人生哲学之“四气”（志气、勇气、正气、义气）也恰如其分地契合了他的人生，成就了他后来的事业。

因为学业优秀并且组织协调能力颇佳，宋文骢从大二起一直担任班长，直至毕业。他还多次参加学院组织的抗洪抢险，担任抢险队队长。在校期间，他先后荣立二等功、三等

1954 年，宋文骢（*后排右一*）与哈军工同学合影

哈军工老校门

功各1次，获通令嘉奖2次，1955年被授予少尉军衔，1957年获得哈尔滨市劳动模范称号。

1958年3月，第一机械工业部（简称一机部）航空工业局制定了《15年发展纲要》，提出力争15年接近国际先进水平的奋斗目标。一时间，国内掀起了飞机设计和制造的热潮，哈军工空军工程系师生也开始设计一款名为“东风”113的战斗机。11月，一机部航空工业局下达研制“东风”113的决定，哈军工派遣了400人的师生队伍到国营松陵机械厂参加研制工作，宋文骢正是其中一员。他被分配到第二设计室，担任主任助理，并挑起了总体设计组组长这一大梁。

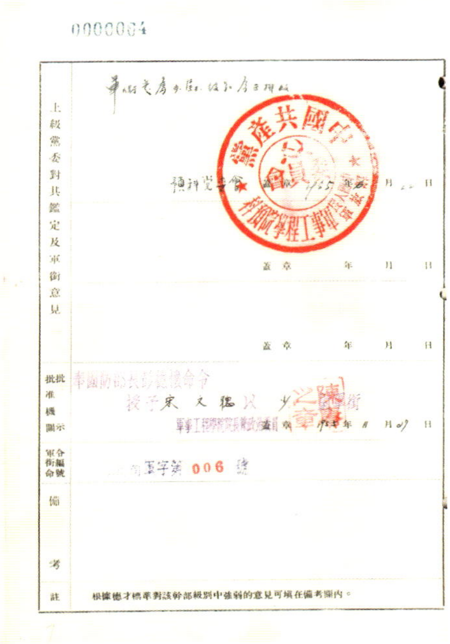
0000064

上級黨委對共鑑定及軍銜意見

蓋章 年 月 日

蓋章 年 月 日

蓋章 年 月 日

批准機關批示

授予宋文骢以少尉軍銜

蓋章 年 月 日

軍銜命令編號 第006號

備考

註 根據德才標準對該幹部級別中強弱的意見可填在備考欄內。

1955年，宋文骢被授予少尉军衔文件

哈军工空军工程系一科飞机设计专业第三期学员师生合影（一排右五为宋文骢）

62
196 年 月 日 №
[illegible]
1958年11月22日

1958 年 11 月，宋文骢任国营松陵机械厂第二设计室主任助理文件

哈军工毕业时的宋文骢

1988 年 5 月，哈军工老院长刘居英到成都飞机设计研究所看望哈军工学员

1959 年，毕业之际，宋文骢放弃攻读研究生，怀着一颗投身祖国建设的赤子之心，继续留厂参加飞机设计。

四、初出茅庐显身手，仿制历挫深思考

1958 年，宋文骢开始接触“东风”113 飞机设计时还是一名大三的学生。为了解决前起落架收放的难题，他创新提出“计算尺”式方案，紧接着又进行了与起落架位置相关的机身第五框的设计，迅速成长为一名能独当一面的青年飞机设计师。1959 年 11 月，在国防部国防科学技术委员会（简称国防科委）提出必须加快“东风”113 飞机试制，争取向党的四十周年献礼的建议后，国营松陵机械厂的第一设计室和第二设计室合并，宋文骢担任新组建设计室总体组组长，带领组员完成“东风”113 飞机总体三面图绘制及全尺寸样机研制。1959—1960 年，宋文骢连续两届被评为社会主义建设积极分子。

20 世纪 50 年代末期，中苏关系开始恶化。1960 年 6 月，苏联撤走全部在华专家，带走了全部飞机图样资料，也停止了设备和零部件供应。为集中科学研究力量，加速发展中国国防科学技术研究工作，增强中国武装力量的威力，中央于 1960 年 12 月 20 日正式

在国营松陵机械厂参加“东风”113 设计时的宋文骢

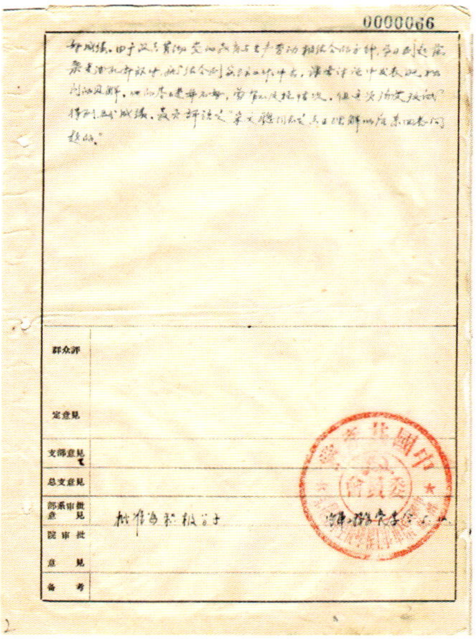

0000066

群众評
定意見
支部意見
总支意見
部系审批意見
院审批意見
备考

批准为积极分子

1959 年，宋文骢被评为哈军工积极分子

批准成立中国航空研究院（简称六院）、舰艇研究院和军事无线电电子学研究院。六院成立后，组建了院部领导机关、11 个研究所和 1 个工厂，其中包含沈阳飞机设计研究所。沈阳飞机设计研究所由国营松陵机械厂飞机设计室、哈军工参加“东风”113 飞机设计的师生和空军第一研究所组成，集中了当时国内有限的飞机设计力量，继续进行“东风”113 飞机的研制。宋文骢所在的设计室，正式归属沈阳飞机设计研究所，他的工作岗位调整为气动布局组组长。1961 年 7 月 1 日，国防科委和空军最终决定放弃“东风”113 研制。

因为经历了整个“东风”113 的研制过程，宋文骢更熟练地掌握了飞机设计技术，尤其是飞机总体设计“着眼全局协调各系统，总体牵头一条龙推动”的宝贵经验。随着设计的深入，他逐渐认识到，对于当时中国的工业基础条件，要实现“东风”113 机型的战术技术指标，在短时间内还有不可逾越的差距。在更深入的思索中，他发现仿制的苏联飞机结构有不少设计缺陷，而且苏联飞机研制体制存在很多不适合中国国情的问题。这为他后来作为总设计师时，坚持打破旧的研制体制，走自主设计的道路奠定了基础。“东风”113 飞机虽然下马了，但它的研制历程带动了中国一批前沿性技术的发展，积累了飞机设计研制丰富而宝贵的经验。

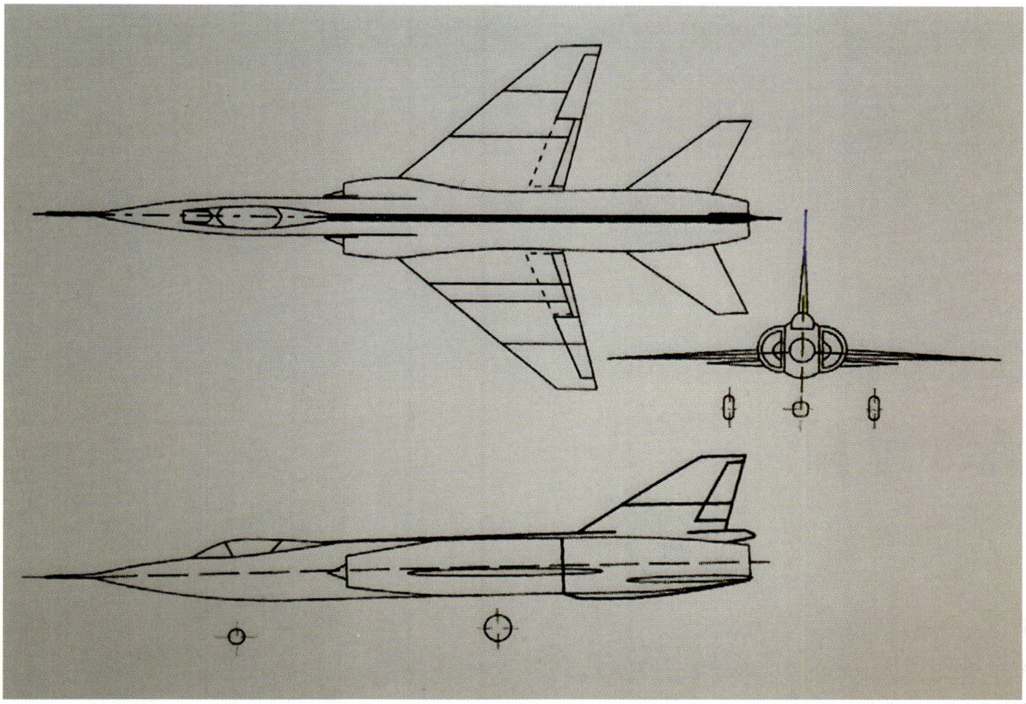

“东风”113 设计草图

1960 年，参加“东风”113 飞机研制的部分哈军工师生合影（左上角为宋文骢）

1960 年，哈军工空军工程系参加“东风”113 飞机设计的第三期部分学员在沈阳合影（二排左一为宋文骢）

第三部分

新招破困谋胜，逆境砺剑重生

民解放軍佈告

一、知己知彼谋先机，双发新招破困局

从1958年开始，宋文骢通过收集分析美机残骸接触美制飞机，对其材料、构造、性能、装备、设计理念和思想都有了比较深入的了解，后续又摸透了米格-21飞机，并对美制飞机和苏制飞机进行对比，为日后设计自己的飞机奠定坚实基础。

（一）摸透米格-21飞机

1961年3月，中苏两国政府在莫斯科签订技术援助协定。苏联同意给予中国米格-21飞机及其发动机特许生产权，并提供生产技术资料和20架米格-21飞机的散装件。米格-21是当时世界上最先进的新型战斗机之一。1962年5月，六院和第三机械工业部（简称三机部）下达了《关于共同组织米格-21飞机技术摸底，为仿制及进一步自行设计做好准备的联合指示》，要求以六院为主摸透米格-21飞机，为中国自行设计比米格-21性能更好的飞机创造条件、打下底子。

六院系统上上下下掀起了摸透米格-21和学习基本功的高潮。宋文骢立即组织气动布局组的同志开展工作，熟读米格-21各册说明书、规范性能计算程序、摸透气动布局、研究作战使用，进而深入研究米格-21的各种布局参数及改变参数的敏感性影响，这些工作成为后来新机设计的稳固起点。

宋文骢在摸透米格-21飞机的三年多时间里，并非只是孤立地强调几个战术技术指标，而是注意飞机全面综合性能的研究，为自行设计确立基石。宋文骢总结这一阶段的工作时说："米格-21飞机的摸透时期，我逐步走上了正规的自行设计轨道，并对本专业（战术技术与气动布局）的创建打下了技术基础，为后来的自行设计建立了专业、培养了人才，结合'东风'113号机的教训，得以从实际出发，提出了切实可行的歼8方案，算是做了一点贡献……"

（二）创建战术技术与气动布局专业

20世纪60年代初，中国的战斗机研制走到了一个关键的转折点。如何迈好自行设计的第一步，将直接影响中国今后战斗机研制的发展道路。在研制"东风"113飞机的过程中，宋文骢意识到，"我们中国要自行研制超声速的飞机，首先要解决和突破气动

布局问题。”这个想法与搞气动力研究的方宝瑞等同事一拍即合。他还注意到，战斗机设计首先必须明确作战环境、作战目标、作战方式的要求，可是苏联的飞机设计机构，并没有战术气动布局专业。在全面深入地比较分析后，宋文骢创建“战术技术与气动布局”专业，并担任组长。全组 10 人左右，主要承担飞机型号发展基础性、战略性和前瞻性的开拓工作，这在国内外都属于首创。

实践证明，战术技术论证、气动布局和方案设计等顶层工作对飞机研制的成败起着决定性作用，在飞机总体设计部门开展这些工作是十分正确和必要的。即使空军现在有了论证机构，他们仍然需要与设计部门反复讨论和迭代方案。

宋文骢创立的“战术技术与气动布局”专业，到成都后更名为“战术性能”专业。第一任组长宋文骢奠定的专业理论基础和工作作风一直在延续，专业组前瞻性的技术储备和创新活力，牵引了一个又一个新型号的发展。“战术技术与气动布局”专业的创立成为中国飞机设计史上的一大创举。

（三）歼 8 双发方案打破新机方案困局

1962 年开始，沈阳飞机设计研究所集中全所力量摸透米格 –21 飞机时，还安排了宋文骢等少量人员组成“尖刀班”，秘密进行新机设计，酝酿新机方案。针对米格 –21 存在着油量少、航程短的问题，宋文骢带领的专业组形成了“63 方案”，即在机翼上加挂副油箱。

1963 年 12 月 8 日，沈阳飞机设计研究所部分职工合影（三排左三为宋文骢）

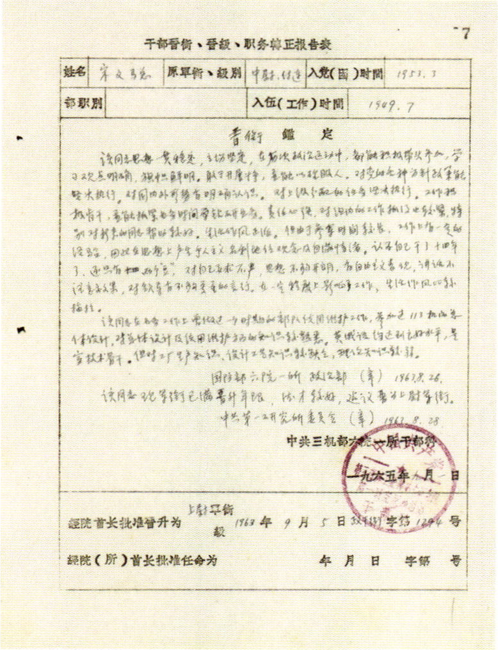
7

干部晋衔、晋级、职务转正报告表

姓名	宋文骢	原軍衔、級别	中尉、付连	入党(团)时间	1953.3
部职别		入伍(工作)时間	1949.7		

晋衔鑑定

国防部六院一所 政治部（章）1963.8.26.

中共第一研究所委员会（章）1963.8.28

中共三机部六院一所干部部

一九六五年 月 日

經院首长批准晋升为 上尉军衔 級 1963年 9月 5日 ……字第 1294 号

經院（所）首长批准任命为 年 月 日 字第 号

宋文骢干部晋衔、晋级、职务转正报告表

1964 年 4 月，空军航空兵第三师通过空军副司令常乾坤让沈阳飞机设计研究所派宋文骢参加改装试用米格 –21 飞机的工作。宋文骢在改装过程中，编算大量曲线，发现米格 –21 飞机除了升限留空短、航程短，还有截击性能差、发现敌机困难和高空机动稳定性差等致命缺陷。多年的积累，让他对新机的设计跃跃欲试。但是经过反复分析和研究后，他得出结论：中国短期内无法研制出满足新机指标的发动机。这个问题解决不了，新机就会重蹈“东风”113 的覆辙。于是，宋文骢带领组员又提出采用 2 台歼 7（中国引进米格 –21 Φ—13 飞机仿制成功后的型号）的 815 型发动机的歼 7 放大方案，也称歼 7 综合改进方案，不仅能解决歼 7“腿短”“近视眼”等问题，还全面提高了机动性。

1964 年 10 月 9 日，米格 –21 飞机改进、改型预备会议在沈阳飞机设计研究所召开。六院院长唐延杰主持会议，副院长徐立行等专家和领导出席。会议开了整整 5 天，因为单发方案的发动机研制问题陷入僵局。后来徐立行在所里走访时，听说气动布局组曾经搞过一个叫歼 7 综合改进方案的双发方案，于是找到宋文骢了解双发方案的详情，然后邀请宋文骢——一个航空界的小字辈，在这个决定中国新一代战斗机命运的重要会议上，汇报双发方案。10 月 15 日，宋文骢提着一个赶制出来、尚未上漆的木质双发飞机模型赶到会场，向与会者详细介绍了歼 7 综合改进方案，引起激烈讨论。会议结果出

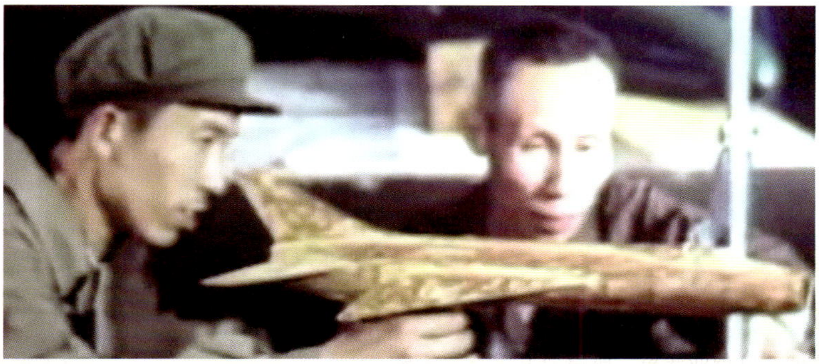

未上漆的歼 7 综合改进方案模型

现戏剧性转折，最终决定：先上双发方案，采用2台带空心气冷涡轮叶片改进的815型发动机作为动力装置，后上单发方案。这就是后来的歼8和歼9飞机。1965年5月17日，中国第一架超声速战斗机歼8的研制正式开始（（79）航定字第98号）。

（四）用真诚和执着收获爱情

在歼8飞机批准立项后不久，宋文骢决定和相处几年的上海姑娘张懿结婚。张懿，1939年1月23日生，江苏省南通县人。抗日战争时，张懿随父母到重庆躲避战乱，1944年就读于重庆南山小学；抗日战争胜利后，随父母返回上海。解放后，张懿父亲张岗在上海缝纫机厂当会计，母亲陈佳征在学校当教师。1956年9月，张懿考上西安航空学院，所学专业是飞机结构设计；1961年7月毕业分配到沈阳飞机设计研究所工作。一起工作过的同事说她"温文尔雅，端庄贤淑"，既有上海姑娘的风度，又有知识女性的气质，还在全所文艺晚会上登台独唱歌曲。

1962年，宋文骢与张懿相识，气质性格相投，日久生情，最终牵手。但是，组织上不同意他和张懿结婚，理由是宋文骢正在参与歼8飞机研制工作，还要接触核心技术，而对张懿家政治审查时发现，张懿的父亲在旧社会当过银行职员，不是纯粹的无产阶级。

得知这个结果后，宋文骢找到干部科的领导据理力争，在他和张懿的不懈坚持下，组织最终批准了他们的婚事。1965年6月7日，宋文骢和张懿登记结婚。

1965年，宋文骢与张懿结婚照

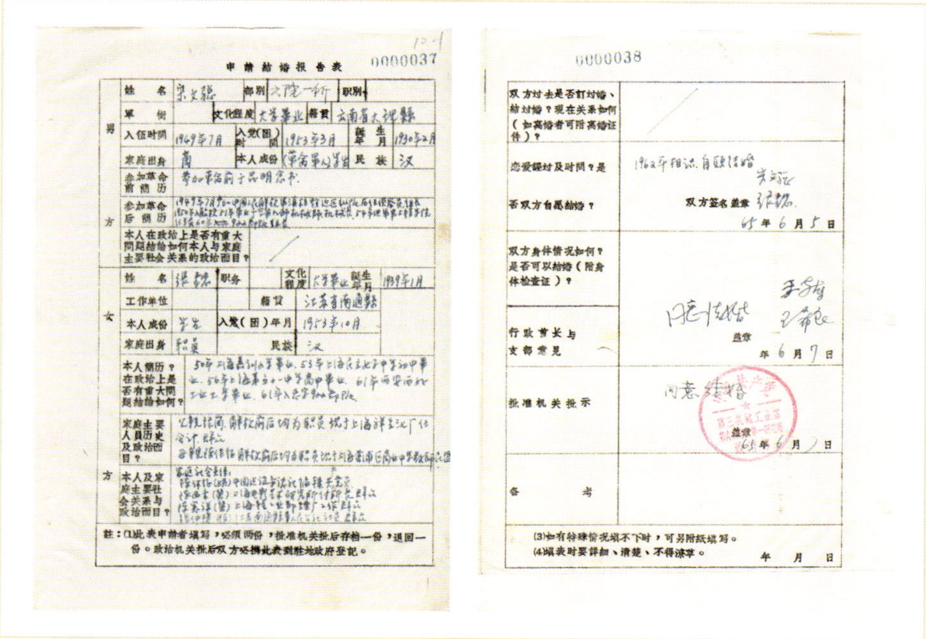

申請結婚报告表 0000037

男方	姓名	宋文聪	部别	六院一所	职别	
	軍衔		文化程度	大学毕业	籍貫	云南省大理县
	入伍时間	1969年7月	入党(团)时間	1953年3月	誕生年月	1930年2月
	家庭出身	商	本人成份	(革命军人)学生	民族	汉
	参加革命前簡历					
	参加革命后簡历					
	本人在政治上是否有重大問題結論如何本人与家庭主要社会关系的政治面目？	/				
女方	姓名	张懿	职务		文化程度	大学毕业
	工作单位		籍貫	江苏省南通县		
	本人成份	学生	入党(团)年月	1953年10月		
	家庭出身		民族	汉		
	本人簡历？在政治上是否有重大問題結論如何？					
	家庭主要人員历史及政治面目？					
	本人及家庭主要社会关系与政治面目？					

註：(1)此表申請者填写，必須兩份，批准机关批后存档一份，退回一份。政治机关批后双方必携此表到駐地政府登記。

0000038

双方过去是否訂过婚、結过婚？現在关系如何（如离婚者可附离婚証件）？	/
恋爱經过及时間？是否双方自愿結婚？	1962年相识，自愿结婚 双方签名盖章 宋文聪 张懿 65年6月5日
双方身体情况如何？是否可以結婚（附身体检查证）？	
行政首长与支部意見	同意结婚 盖章 年6月7日
批准机关批示	同意结婚 盖章 65年6月 日
备考	

(3)如有特殊情况填不下时，可另附紙填写。
(4)填表时要詳細、清楚、不得潦草。 年 月 日

宋文骢和张懿申请结婚的报告表

二、离沈赴蓉志坚定，歼 9 研制打基础

（一）打包赴蓉参加歼 9 研制

歼 8 和歼 9 这对孪生兄弟伴随着“文化大革命”的风吹雨打磕磕绊绊地发展和成长。

1965 年，宋文骢在北京

35 岁左右的宋文骢

歼 8 是双发飞机，歼 9 是单发飞机，歼 9 设计的战术技术指标都超过歼 8。1964 年 10 月的预备会后，沈阳飞机设计研究所集中力量研制歼 8，只有 20% 的力量投入到了歼 9 的论证和设计中。宋文骢完成歼 8 综合战术技术论证后，被所里抽调出来，继续歼 9 总体气动研究论证。

歼 9 前前后后做了 5 个方案，1968 年 3 月，六院最后确定按Ⅴ方案进行研制，但是由于技术上不落实，1968 年 6 月，歼 9 停止研制。1969 年 10 月，为了应付未来的战争，抓好三线建设，中央航空领导小组研究决定，恢复已经搁置的歼 9 飞机的研制，由国营峨嵋机械厂（现成都飞机工业（集团）有限责任公司）负责试制生产该机型。

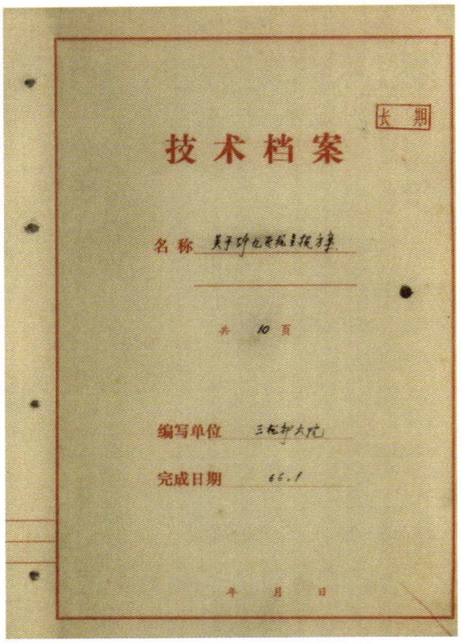
长期

技术档案

名称

共 10 页

编写单位

完成日期

年 月 日

《关于歼 9 飞机呈报方案》技术档案封面

歼 9 第一个模型（木质）

为推进研制工作，1970 年 3 月 3 日，空军司令部批准沈阳飞机设计研究所分迁 500 人到成都建立分所（（70）司作字第 26 号）。1970 年 4 月 30 日，第一批 200 余名技术人员、干部、工人乘坐火车从沈阳出发，并于 5 月 3 日到达祖国战略大后方——成都，进驻原空军第十三航校的营区，属空军领导。

1970 年 5 月，沈阳飞机设计研究所分迁的首批人员从沈阳到成都

其实分迁到成都的最初名单里并没有宋文骢，但他割舍不下歼 9 飞机。于是，宋文骢和妻子张懿一起，随着歼 9 研制团队到了成都。

（二）五次更改指标的歼 9 研制中止

沈阳飞机设计研究所分所在成都安顿下来后，在革委会副主任王南寿同志的主持下，立即着手歼 9 技术方案的论证。

1970 年 12 月 18 日，中央军委以（70）军字第 484 号文批复，将沈阳飞机设计研究所分所改编为第二歼击机研究所，是六院建制单位之一。至此，歼 9 研制工作由成都飞机设计研究所继续进行。

由于上级不断对歼 9 指标提出新要求，原有布局方案不再满足需求，成都飞机设计研究所最后选择了鸭式布局。鸭式布局，即取消产生负升力的平尾而采用正升力的鸭翼，以改善飞机升力特性，这在国内外都是创新。后来，一系列的试验验证充分证明了鸭式布局的潜力和优势。可以说，当时参加讨论决策的王南寿、谢光（成都飞机设计研究所一室主任）、宋文骢、成志明（成都飞机设计研究所一室副主任）等同志是国内实践鸭式布局的元老。1975 年，鸭式布局被国防科委确定为歼 9 的基本方案（“双 25”方案），同时使用飞机腹部进气形式。

歼 9 飞机研制现场

1978 年，上级决定对歼 7 进行大改，歼 9 的研制就逐渐停了下来，并且后来还面临发动机无法落实的窘况，到 1980 年，歼 9 的研制完全中止。歼 9 研制期间，根据中央军委（73）117 号文通知，将六院划归三机部建制，成都飞机设计研究所正式由军队建制转为地方建制。

歼 9 与歼 8 当年同时开始研制，歼 8 历经磨难，于 1969 年 7 月 5 日首飞成功，1979 年 12 月白天型飞机设计定型，列装了部队；而歼 9 最终还是夭折了。但是，十多年来研制歼 9 积累起来的丰富经验和创新开发的“无尾 + 前翼”布局是一笔宝贵财富，为后来歼 10 飞机采用鸭式布局方案打下了扎实的基础。

在歼 9 飞机研制期间，宋文骢的女儿出生了，可由于忙歼 9 研制，宋文骢和张懿只好将刚刚出生的女儿送到上海的外公外婆家去。1972 年春，宋文骢写给弟弟宋文明的家信记下了这件事。

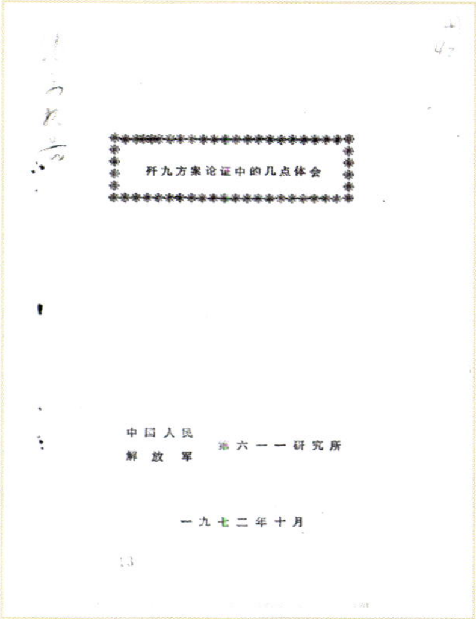
歼九方案论证中的几点体会

中国人民解放军 第六一一研究所

一九七二年十月

《歼 9 方案论证中的几点体会》报告封面

我们的凌凌已经送到上海去了，原因是没本事，带不了。另外，年纪已大了。这些年来，在乱中过来，好多书都没有看，想挤点时间来学点东西，还有其他原因等，所以下决心把我女儿送走了。不过她在上海比在我们这里过得好，条件好，还有外公外婆，我是十分放心，就是她妈妈，女同志心肠简直没法说。还好，这回是她自己提出来要送走的，所以没法找我算账。

小燕已经长大了，什么时间再给我们寄张照片来看看。她这名字真是多变，“吴氏生飞”到小珍，现在又叫小燕。和小凌凌配起来倒是不错:“银燕凌空”。特别是丹东的燕,还真是曾经大显过身手的。如果叫“燕”不满意，何不干脆叫“丹燕”。我这是出馊主意，还是你们自己定吧……

给你们寄来一张凌凌的照片，100 天在上海照的。现在她已经 5 个月了。

哥文骢

1972 年春

宋文骢给弟弟宋文明的家信部分内容（摘自《宋文骢传》）

1978 年，宋文骢一家三口的合影

三、临危受命接重任，摸索新路改歼 7

20 世纪 70 年代中期，美国和苏联已分别装备了第三代超声速战斗机 F–15、F–16 和米格 –29 等，而其他一些国家和中国台湾地区也都装备了第二代超声速战斗机作为其主力机型。中央军委决定尽快以歼 7、歼 8 换装歼 6。空军将进一步发展的希望寄托于歼 7 大改上，强烈希望能够装备与米格 –21MΦ 类似的歼 7 改进型飞机。

（一）歼 7 Ⅲ 型飞机起步即遇到难题

1978 年 6 月，三机部部长吕东在北京布置歼 7 大改的任务，确定由国营峨嵋机械厂、成都飞机设计研究所、国营松陵机械厂、贵州省第三机械工业局（现中国贵州航空工业（集团）有限责任公司）共同成立歼 7 飞机大改系统工程设计室，集中四家厂所力量进行歼 7 飞机大改工作，要求歼 7 大改飞机性能要赶上米格 –21MΦ 飞机，火控系统某些方面要超过米格 –21MΦ 飞机。7 月，正式任命王南寿为第一总设计师、屠基达为第二总设计师，歼7大改任务正式命名为“歼7Ⅲ型飞机”。然而，研制工作刚刚起步，就发生了“是全面测绘还是参照设计？”的分歧，导致设计无法进行，歼7大改工作停止。1979年12月，歼7Ⅲ飞机总设计师王南寿突然调任三机部航空科学技术委员会秘书长，留在北京工作。歼7Ⅲ飞机研制陷入群龙无首的窘况，“三厂一所”组成的系统工程设计室很快解体，到12月底，系统工程设计室只剩下成都飞机设计研究所的人员。

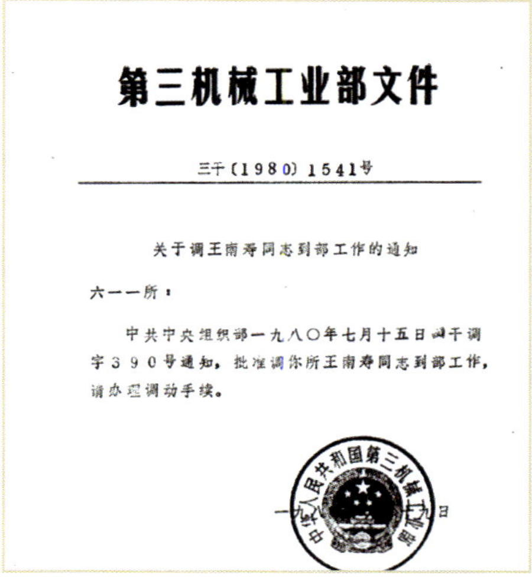
第三机械工业部文件

三干〔1980〕1541号

关于调王南寿同志到部工作的通知

六一一所：

中共中央组织部一九八〇年七月十五日函干调字390号通知，批准调你所王南寿同志到部工作，请办理调动手续。

中华人民共和国第三机械工业部

关于调王南寿同志到第三机械工业部工作的通知

（二）接任歼7Ⅲ总师，坚持参照设计

1980年1月22日，三机部发出通知（三飞〔1980〕90号），撤销歼7系统工程飞机设计室，改由成都飞机设计研究所承担歼7Ⅲ飞机设计任务。至此，歼7Ⅲ飞机研制任务的设计工作由成都飞机设计研究所承担起来。1980年6月3日，歼7Ⅲ飞机正式立项，列为国家重点型号任务（国发〔1980〕147号）。6月17日，三机部任命宋文骢为成都飞机设计研究所副所长、总设计师（三干〔1980〕1003号）。1981年10月，国务院国防工业办公室（简称国防工办）任命宋文骢为歼7Ⅲ飞机型号总设计师（（81）办科字503号）。

针对歼7Ⅲ飞机的使命任务，宋文骢要求全过程必须按自行设计进行，必须结合中国的工业水平，走自己的路；强调米格-21MΦ的任何数据都不可直接用于歼7Ⅲ飞机设计，一律按自行设计的程序，纳入歼7Ⅲ飞机的总体设计要求，经过总体协调、试验论证、规范检查，协调一致后，才能作为歼7Ⅲ飞机的原始数据进行设计和计算。

在歼7Ⅲ飞机设计初期，暴露出“飞机结构和强度是否相容”的问题。设计员手里只有20世纪50年代的规范，新设计的飞机数据与通过旧规范计算的结果相比，有些部件强度不相容。按规定，强度设计员对图样不能签发，强度系统总师也不能签字，生产图发不出去，无法投入生产。对这个问题研究和争论了一年多，进展甚微。1982年夏天，宋文骢在会上明确表态：“对于飞机局部的强度问题，大量的试验数据，已证明总体结构基本满足强度要求；为了慎重行事，又让系统总师进行了反复计算，对没有把握的部分已采取有效措施——我综合大家的意见，对个别局部与规

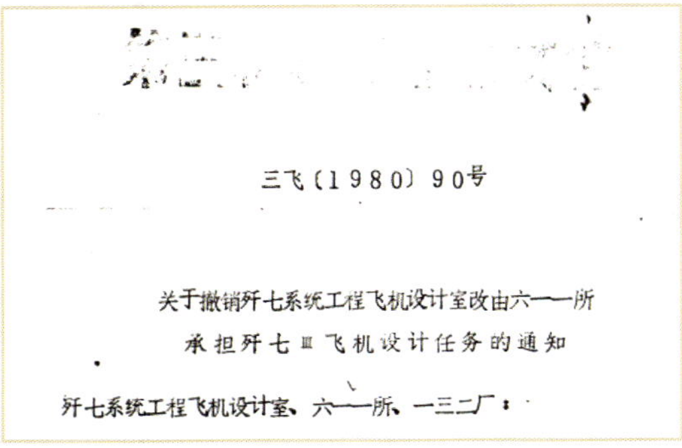

三飞〔1980〕90号

关于撤销歼七系统工程飞机设计室改由六一一所

承担歼七Ⅲ飞机设计任务的通知

歼七系统工程飞机设计室、六一一所、一三二厂：

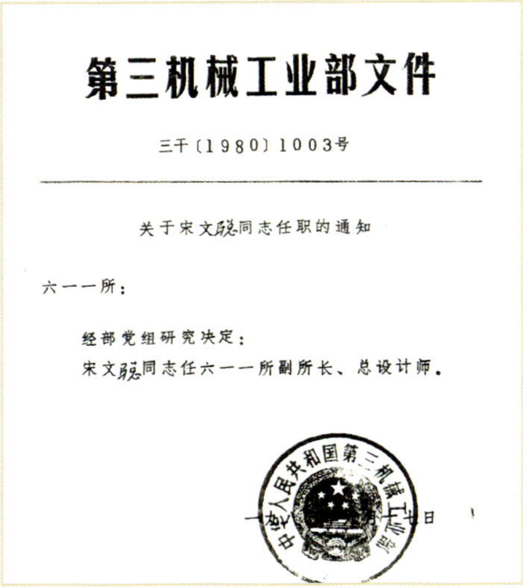

第三机械工业部文件

三干〔1980〕1003号

关于宋文骢同志任职的通知

六一一所：

经部党组研究决定：

宋文骢同志任六一一所副所长、总设计师。

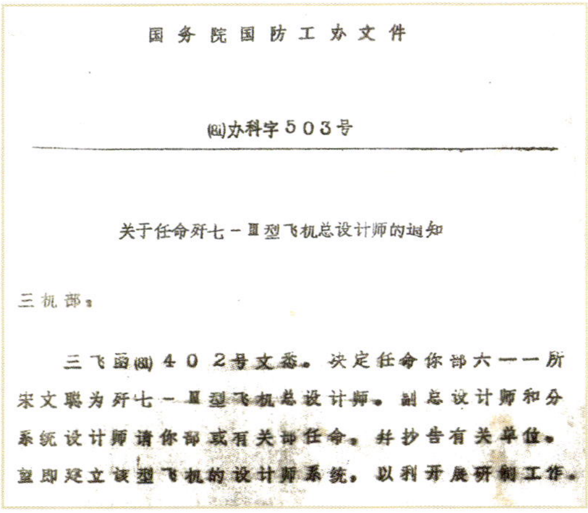

国务院国防工办文件

(81)办科字503号

关于任命歼七－Ⅲ型飞机总设计师的通知

三机部：

三飞函(81)402号文悉。决定任命你部六一一所宋文骢为歼七－Ⅲ型飞机总设计师。副总设计师和分系统设计师请你部或有关部任命。并抄告有关单位。望即建立该型飞机的设计师系统，以利开展研制工作。

关于撤销歼7系统工程飞机设计室改由成都飞机设计研究所承担歼7Ⅲ飞机设计任务的通知（左上）

关于宋文骢任成都飞机设计研究所副所长、总设计师的通知（右上）

关于任命歼7Ⅲ型飞机总设计师的通知（左下）

范不符时，可以允许设计员不签字，但经主管总师和总设计师签字后，可以发图投入生产。”“我的决定是：不能再拖下去了，现在生产图必须立即下发。如有什么问题，由我这个总设计师承担全部责任！”宋文骢的决断打破了研制僵局，大大推进了研制进度。

（三）建立飞机总设计师系统

1981年9月，按照国防武器装备研制条例，结合我国航空工业实际，成都飞机设计研究所制定了《歼7Ⅲ飞机设计师系统工作条例》。歼7Ⅲ飞机设计师系统分为三级：飞机型号总设计师，总体气动、发动机、结构强度、系统、武器特设等系统总设计师，以及飞机各分系统或配套新成品的总设计师、主任设计师、主管设计师。设计师系统进行了一系列创新，除了上述设计工作必须按自行设计的程序走以外，还包括建立设计师系统技术责任制、推广应用计划评审技术、组织重大技术攻关、坚持全过程质量管理等。

宋文骢在歼 7 Ⅲ飞机研制中，逐渐摸索出适合大型系统工程管理的新路子，为歼 7 Ⅲ飞机研制的技术协调、质量控制、进度保证和经费管理起到了重要的作用。

歼 7 Ⅲ飞机研制现场

1983 年 1 月 30 日，宋文骢（右一）在歼 7 Ⅲ生产现场

1983 年，宋文骢（左三）在歼 7 Ⅲ总装现场

（四）争分夺秒的“976”创造奇迹

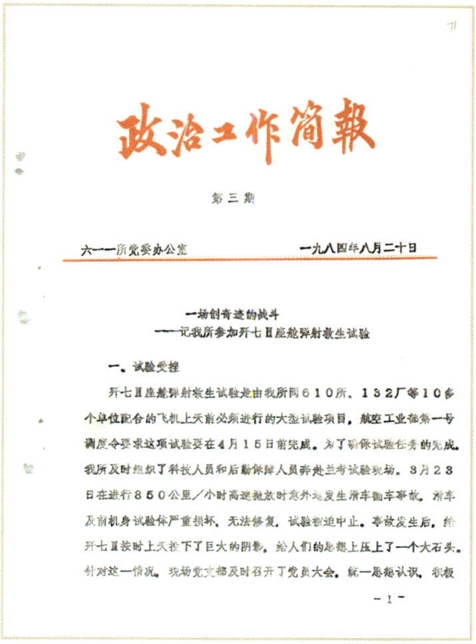
政治工作简报

第三期

六一一所党委办公室　　一九八四年八月二十日

一场创奇迹的战斗
——记我所参加歼七Ⅲ座舱弹射救生试验

一、试验受挫

歼七Ⅲ座舱弹射救生试验是由我所同６１０所、１３２厂等１０多个单位配合的飞机上天前必须进行的大型试验项目，航空工业部第一号调度令要求这项试验要在４月１５日前完成。为了确保试验任务的完成，我所及时组织了科技人员和后勤保障人员奔赴兰考试验现场。３月２３日在进行８５０公里／小时高速抛放时意外地发生滑车翻车事故，滑车及前机身试验体严重损坏，无法修复，试验被迫中止。事故发生后，给歼七Ⅲ按时上天投下了巨大的阴影，给人们的思想上压上了一个大石头。针对这一情况，现场党支部及时召开了党员大会，统一思想认识，积极

－１－

1984 年，成都飞机设计研究所政治工作简报中记录的“976”精神

座舱弹射救生试验是歼 7 Ⅲ飞机上天前必须进行的大型试验项目，航空工业部第一号调度令要求该试验在 1984 年 4 月 15 日前完成。1984 年 3 月 23 日，在进行 850 千米 / 时高速抛放时意外地发生滑车翻车事故，滑车及前机身试验段严重损坏，无法修复，试验被迫中止。收到试验现场“翻车”紧急报告的宋文骢，表现出超常的镇定，冷静思考应采取的补救措施。他与现场总指挥谢明通过电话简短交流，决定抢制前机身和火箭滑车，并立即将所里已做过试验的座舱段送到国营峨嵋机械厂，改装一个新的试验段，以缩短前机身制造周期。

在争分夺秒的“无缝”衔接下，国营峨嵋机械厂 9 天 9 夜连续奋战生产出试验段，中国航空工业部弹射救生设备研究所（现航宇救生装备有限公司）仅用 7 天生产出新火箭滑车并与试验段进行装配和必要试验，成都飞机设计研究所仅用 6 天完成全部座舱弹射救生试验，如期完成第一号调度令。按常规需要耗时半年的试验硬生生地在一个月内就完成了，这是歼 7 Ⅲ飞机研制过程中创造的一个奇迹，被航空工业部誉为“976”精神。

（五）歼 7 Ⅲ飞机研制成功，受到行业好评

飞机首飞的日子越来越近，各项研制试验都进入了白热化阶段。正当宋文骢忙得不可开交时，妻子张懿却收到来自上海的电报——“父病重速归”。“我知道你肯定走不开，也没奢望你能和我一起回去。”张懿只买了一张车票赶回上海，没几天她父亲就去世了，宋文骢没能回去奔丧。张懿再回到成都时却不忍责备，只见宋文骢眼眶发青，眼睛布满红丝，白发增加，明显憔悴消瘦了许多，他为歼 7 Ⅲ能早日上天殚精竭虑。

1984 年 4 月 26 日，歼 7 Ⅲ首飞成功。歼 7 Ⅲ飞机是中国自行研制的首型中高空高速全天候轻型战斗机，其研制成功打破了西方和苏联对中国几十年的封锁，填补了由于中苏关系破裂和“文化大革命”动乱造成飞机研制工作几乎停滞的历史空白，完成了缩短与发达国家现役装备差距的重要使命。歼 7 Ⅲ飞机设计定型后成套装备部队，迅速形

1984 年 2 月 6 日，庆祝歼 7 Ⅲ飞机 01 架出厂现场（上）
1984 年 4 月 26 日，歼 7 Ⅲ飞机首飞滑跑（下左）
1984 年 4 月 26 日，歼 7 Ⅲ飞机首席试飞员余明文（下右）

成空军部队的战斗力。

为满足空、海军对夜间作战飞机的紧迫需求，成都飞机设计研究所在歼 7 Ⅲ飞机定型状态基础上，改进研制了歼 7 Ⅲ A（又称歼 7D）全天候轻型战斗机。歼 7 Ⅲ A 成为中国夜间作战飞机的主要机种之一，大大提高了空军的全天候作战能力。1990 年 5 月，歼 7 Ⅲ A 正式立项研制；1991 年 8 月 20 日，01 架首飞成功。

1984 年 5 月 6 日，宋文骢在庆祝歼 7 Ⅲ飞机首飞成功仪式上讲话

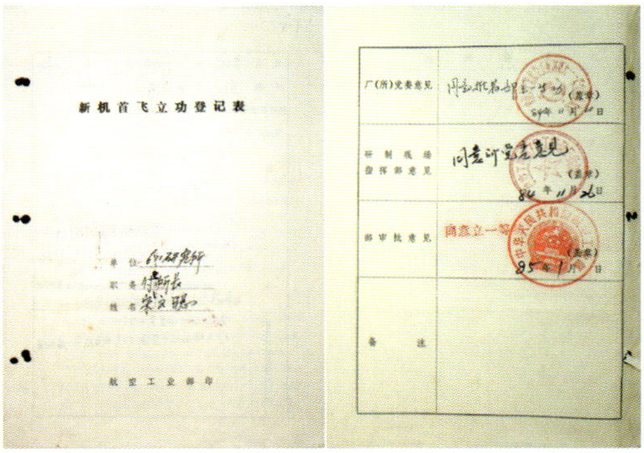

新机首飞立功登记表

单位

职务

姓名 宋文骢

航空工业部印

厂(所)党委意见	
研制现场指挥部意见	同意所党委意见
部审批意见	
备注	

歼 7 Ⅲ新机研制首飞阶段，宋文骢一等功立功登记表

立功证书

编号：0049

宋文聪 同志

在歼七Ⅲ新机研制首飞阶段，做出了优异成绩，荣立一等功。

中华人民共和国航空工业部

一九八四年十月

1984 年 10 月，歼 7 Ⅲ新机研制首飞阶段，宋文骢荣立航空工业部一等功

试飞站为歼 7 Ⅲ飞机成立的机务大队合影

1987 年 12 月 12 日，航空军工产品定型委员会（简称航定委）在成都飞机设计研究所召开歼 7 Ⅲ飞机设计定型会（右一为宋文骢）

1987 年 12 月，歼 7 Ⅲ飞机设计定型时宋文骢与飞机的合影

1990 年 3 月 19 日，歼 7 Ⅲ飞机飞行员培训班合影（一排左五为宋文骢）

1990 年 5 月 18 日，歼七Ⅲ首批飞机装备部队试飞现场

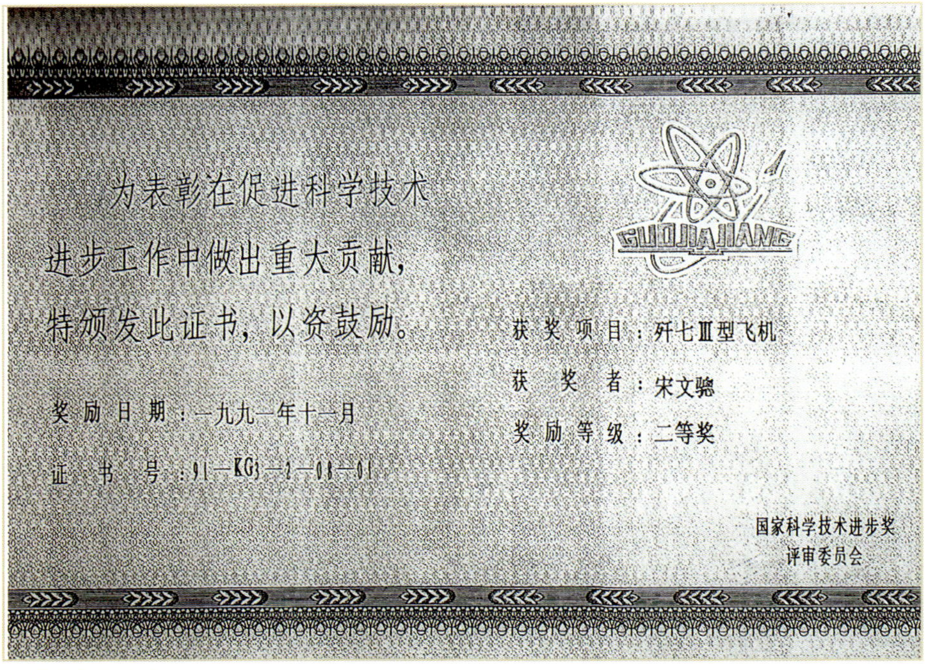

GUOJIAJIANG

为表彰在促进科学技术进步工作中做出重大贡献，特颁发此证书，以资鼓励。

奖励日期：一九九一年十一月

证　书　号：91—KG3—2—08—01

获奖项目：歼七Ⅲ型飞机

获　奖　者：宋文骢

奖励等级：二等奖

国家科学技术进步奖
评审委员会

1991 年 11 月，宋文骢荣获歼 7 Ⅲ飞机国家科学技术进步奖二等奖

1991 年 8 月 20 日，宋文骢（左一）在歼 7 Ⅲ A 首飞现场

1991 年 8 月 20 日，歼 7 Ⅲ A 飞机首飞滑跑

第四部分

坚守初心斩浪，智勇创新笃行

人民解放军佈[illegible]

一、风云突变开新局，十年一剑展锋芒

为了应对中国航空武器装备在世界军事格局和周边威胁环境面临的严峻形势，1981年底，中央军委主席邓小平与其他领导人商议军方战略武器发展时，明确指示，“为了国家安全，哪怕有赤字，我们也要拿出钱来研制新型战斗机”。1982年初，邓小平同志再次提出，“我们一定要搞一个新的、性能好的战斗机”。

（一）新歼论证意外转折的十五分钟

1982年2月，由国防工办和三机部联合主办的新歼研制座谈会在北京召开，成都飞机设计研究所宋文骢、成志明、谢品和王子方四人应邀参会。会议原来安排讨论沈阳飞机设计研究所提出的新歼方案，其间三机部军机局副局长王若松临时安排成都飞机设计研究所用15分钟汇报新歼总体方案。由于没有准备汇报材料，宋文骢等人连夜突击，在借来的明胶片上手绘了鸭式布局飞机的图形、基本数据和重要性能曲线。轮到宋文骢发言时，他从目前世界战斗机发展的现状结合未来的空战形式预测讲起；讲到新歼应具备怎样的基本战术技术指标，应采取何种气动布局、飞控系统和拦射武器火控系统等；最后他用明胶片展示了在原歼9方案基础上提出的鸭式布局方案，赢得会场上一片热烈的掌声。

会议持续了10天，结果开创了中国飞机方案竞争之先河：本次会议不定夺，两个总体设计研究所继续做方案。凭借多年的积累，宋文骢坚持从传统飞机设计布局的思维里跳出来，用15分钟赢得了两个月后再次和兄弟单位同台竞技的机会。

（二）创新的鸭式布局方案脱颖而出

新歼研制座谈会结束后，成都飞机设计研究所召开紧急会议并决定：对新歼方案设计要集中力量，不惜一切代价，全力以赴做好方案论证准备。宋文骢立即组织各专业技术人员对新歼方案进行更加深入的筛选和设计，又协调风洞试验基地进行试验。在他的辛苦奔波和大家的团结努力下，研制团队最终利用歼9研究成果和上万次风洞试验数据优化设计出鸭式布局腹部进气和鸭式布局两侧进气两种新歼方案。

宋文骢及其团队积极推荐的鸭式气动布局方案，与国外鸭式布局研究几乎同步。当年歼 9 飞机选型时，为了解决歼 9 高空配平问题，他们提出了鸭式无尾布局。1982 年 4 月，国防工办在北京再次召开新歼总体方案讨论会。宋文骢在会上汇报了两个新歼设计方案，并重点讲解了鸭式布局的应用状况和选择理由。为了让大家看得更清楚，他灵机一动当场将带来演示的有机玻璃模型从底座上拔下来往投影仪前一放，仅有十几厘米长的小模型，瞬间变成了一架具有时代感的战机，顿时让与会者眼前一亮。鸭式布局方案在这次会议上得到了领导和专家的基本认可。

歼 10 飞机有机玻璃模型

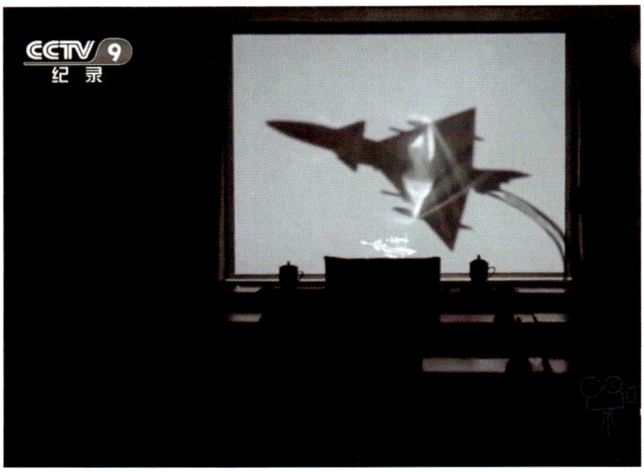

歼 10 有机玻璃模型投影（根据宋文骢回忆情景再现）

1982 年 3 月，三机部改为航空工业部。1984 年 2 月，在航空工业部科技委于河北涿县召开的新歼布局方案会议上，鸭式布局方案取得了一致好评。航空工业部科技委副主任王南寿同志宣布：经中央领导和航空工业部研究决定，鸭式布局方案最后确定为新歼方案！ 1984 年 5 月，中华人民共和国国防科学技术工业委员会（简称国防科工委）批复成都飞机设计研究所为新歼研制总体单位（（1984）计计字第 913 号）。1986 年 1 月，国务院、中央军委发文批准研制新歼（歼 10 飞机），并将其列为国家重大专项，代号十号工程。7 月，56 岁的宋文骢被国防科工委任命为新歼总设计师（（1986）技办字第 997 号）。

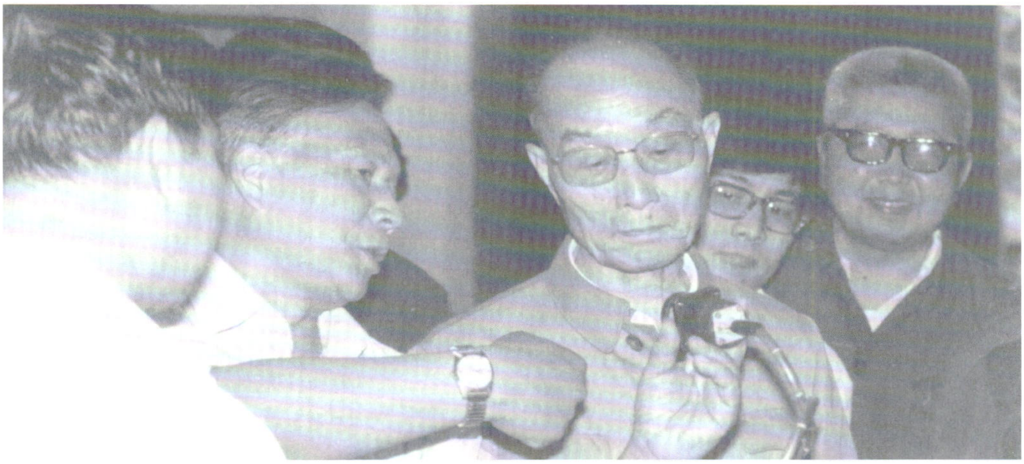

1983 年 6 月 14 日，国务委员、中央军委副秘书长张爱萍将军（左三）视察成都飞机设计研究所，总设计师宋文骢（左二）汇报工作

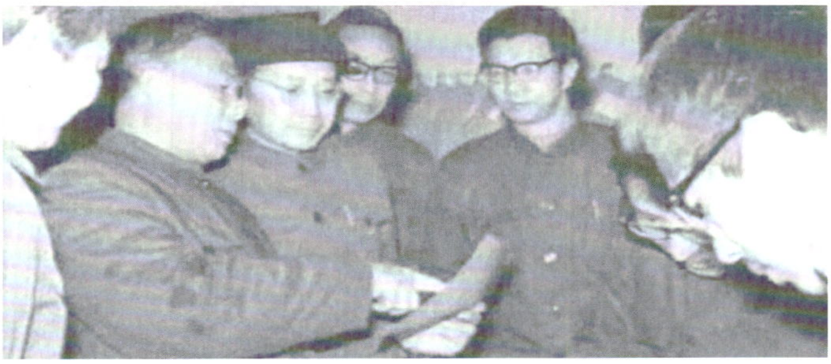

1983 年，宋文骢（左二）介绍歼 10 飞机研制情况

1983 年，宋文骢在成都飞机设计研究所内部会议上介绍新歼，这是歼 10 飞机的首张图片资料

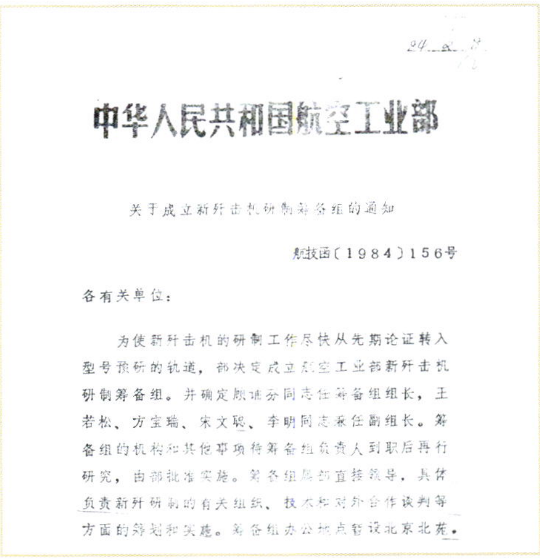

中华人民共和国航空工业部

关于成立新歼击机研制筹备组的通知

航技函〔1984〕156号

各有关单位：

为使新歼击机的研制工作尽快从先期论证转入型号预研的轨道，部决定成立航空工业部新歼击机研制筹备组。并确定顾诵芬同志任筹备组组长，王若松、方宝瑞、宋文聪、李明同志兼任副组长。筹备组的机构和其他事项待筹备组负责人到职后再行研究，由部批准实施。筹备组属部直接领导，具体负责新歼研制的有关组织、技术和对外合作谈判等方面的筹划和实施。筹备组办公地点暂设北京北苑。

1984 年 1 月 27 日，宋文骢被任命为新歼研制筹备组副组长

1984 年 3 月，新歼定点调研组到成都飞机设计研究所为十号工程作选点调研

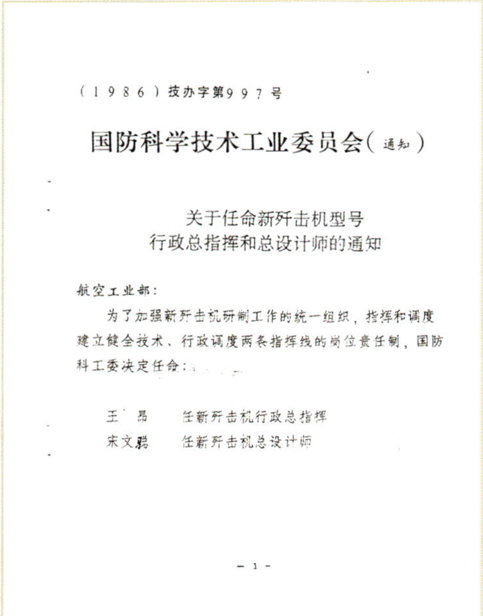

（1986）技办字第997号

国防科学技术工业委员会（通知）

关于任命新歼击机型号
行政总指挥和总设计师的通知

航空工业部：

为了加强新歼击机研制工作的统一组织，指挥和调度建立健全技术、行政调度两条指挥线的岗位责任制，国防科工委决定任命：

王 昂　　任新歼击机行政总指挥
宋文骢　　任新歼击机总设计师

- 1 -

关于任命宋文骢为新歼总设计师的通知

二、不畏质疑勇前行，研制样机解难题

作为总设计师的宋文骢，肩负牵头研制新歼的使命。中国新型战斗机研制要搞出与美国、苏联相媲美的第三代战斗机，技术储备、工业基础、凝聚和调动行业权威的能力、研制经费的保障……一系列问题引起各方面领导和专家的担忧和争论。

（一）信心满满，扛下各种质疑

1982 年 4 月的新歼总体方案讨论会后，航空工业部一位副部长担心空军提出的战术技术指标太高，新歼难以实

现。宋文骢和成志明（成都飞机设计研究所党委副书记）却信心满满，并立下了军令状。宋文骢很清醒地知道，要想迎头赶上军事强国，快速缩短军事装备的差距，研制出新型飞机，我们必须大量采用新研产品；而为了尽可能地降低研制风险，宋文骢带领团队从管理、技术多个层面制定了一系列管控措施。有人提问："如何处理引进先进技术和自主研发的问题？"宋文骢回应："在执行中，我们必须要牢牢控制总体设计主动权！在一些系统研制中采取与人合作和自我研制两条线并行前进，关键的技术我们一定要进行攻关，尽量争取使用我们自己研制的产品和成熟的技术。必须要有'两手准备'，不然，我们会永远受制于人。"还有人质疑："这架飞机在50多岁的宋文骢手里最终能设计定型吗？"宋文骢回答："通过这架飞机的研制，中国一大批现代飞机设计研制的人才肯定会成长起来！我们只要为他们铺好了路，到时候我老宋在不在没关系，自然会有比我宋文骢更高明的人来接着干！"甚至到了1989年，还有专家在高层会议上建议，别搞歼10飞机了，直接买现成的苏-27飞机。而经历了飞机维修、测绘仿制、自行设计全过程的宋文骢信心十足，"从来就没有什么事动摇过我搞新歼的决心和信心"。

1983年6月，宋文骢（左）与成都飞机设计研究所所长成志明（中）讨论歼10飞机相关问题

（二）运筹帷幄，建立系统工程管理方法

歼10飞机进入正式设计研制，面临的最现实最严峻的问题就是：飞机由16个大系统、91个子系统组成，涉及航空、航天、电子、兵器、化工等行业和军队的120多家单位，配套研制单位上千家。如何把所有参研人员都凝聚团结起来，如何让各个系统设计都统一起来，真正做到统筹规划、统一领导、统一指挥？

从飞机机械师干起的宋文骢，对飞机研制有着扎根实际的深刻感悟与体会。在十号工程管理程序上，宋文骢始终坚持的3点思想对推动研制工作的开展起到了举足轻重的作用：第一，全机各系统都要自上而下进行设计，自下而上进行综合；第二，所有的大系统都要由总体设计单位进行综合；第三，必须全过程分阶段经过科学验证后优化迭代。

在歼10飞机研制中，组建了“两师系统”（行政指挥系统和设计师系统），创建了一整套型号研制系统工程管理方法和风险决策机制，制定了《歼10飞机行政指挥系统管理办法》《歼10飞机设计师系统工作细则》《设计评审规定》《歼10飞机质量保证大纲》等一系列管理文件，建立健全了行政、技术两条指挥线的岗位责任制。“两师系统”对飞机研制实施统筹规划、统一指挥、分层次管理；采用现代系统工程项目管理和并行工程管理等先进的管理方法；建立涵盖设计、试验、试制、试飞以及成品研制、软件开发等型号研制的质量管理体系；在研制过程中，按照实际情况，综合考虑方案的先进性和可行性，对关键项目采取有力措施，既防范了风险，又加快了进度。

1990年7月31日，十号工程“两师系统”第一次工作会

研制初期，宋文骢多次到子系统、设备研制单位和领导机关进行宣传和耐心说服，改变了过去系统和设备研制各自为政的现象，理顺了飞机系统与子系统（设备）、成品的技术关系。“通过设计师系统这根链条，打破行业条块分割状态，把整架飞机研制中的不同部门、不同单位、不同环节的设计师紧紧地拧在一起，所有参加飞机研制的力量，都凝聚在一个共同的目标下。”宋文骢说。

正是通过歼10这型飞机，两师系统建立起了完善规范且责任落实的飞机研制系统工程管理方法，这是中国航空工业从仿制走向自行设计的一项重大措施；在行政指挥系统支持下，它显示出的优越性和生命力，为后续机型的研制提供了经验。

1987年9月4日，宋文骢在十号工程第一次新成品技术协调会上讲话

（三）成功研制全尺寸样机

新歼研制开始不久，宋文骢就遇到了经费困难。随着改革开放进一步深入，国家提出军工单位要“军民结合”“以民养军”，军费和事业费锐减。从1986年起，新歼仅靠预研费和少量的科研经费支撑着。

宋文骢及其团队早有制造一架歼10全尺寸样机的计划，只是因为经费问题一直拖着。如果在这样困难的时候搞出全尺寸样机，不仅能满足因大量新技术、新结构、新系统、新成品、新工艺带来的复杂协调需求，而且还能振奋整个研制战线人员的精神，引起各级领导和空军的重视及支持。他们下定决心：不管再困难，全尺寸样机的研制绝不能再拖了，一定要尽快把它搞出来；而且样机还应该是金属的，要和真飞机几乎没有区别。

1989年11月，成都飞机工业公司（厂所合并①期间）以司工发〔1989〕194号文向航空航天工业部上报歼10飞机全尺寸样机实施方案；同年12月，航空航天工业部以航军机〔1989〕1852号文通知组织歼10飞机全尺寸样机研制。1990年1月，在“两师系统”组织下，成都飞机设计研究所很快完成了全尺寸金属样机的技术、经费、进度三坐标论证和顶层设计，并在一年后完成了全尺寸样机图样设计。成都飞机工业公司采用新工艺制造技术，组织平行交叉作业，仅用5个多月就完成各部件生产和装配，交付成都飞机设计研究所进行总装。样机总装工作由设计人员完成，这在中国航空史上是第一次。在现场总指挥成志明提出的“关死后门，倒排进度，落实责任，争取提前”的要求下，宋文骢几乎天天都守在总装现场，穿着油腻的工作服，与技术人员、工人一起在机身里钻来钻去。经过27天的奋战，全尺寸样机于1991年8月27日凌晨提前完成。

歼10飞机全尺寸金属样机研制成功后，空军司令员王海、副司令员林虎亲率各大军区空军主要领导到成都参观、评审新歼样机。样机无论外形、布局、座舱、机翼还是战术技术性能，都令各位将军兴奋不已。江泽民、朱镕基、吴邦国、邹家华等党中央、国务院和中央军委领导先后到成都飞机设计研究所视察工作，他们看见新歼样机都感到非常振奋。中共中央总书记、国家主席、中央军委主席江泽民进入座舱查看后，指着样机道：“这个飞机是个宝啊！”全尺寸金属样机研制的成功，是十号工程第一个重要里程碑，促使从上级单位到研制全线上下进一步统一思想，加大了对它的支持和投入，加快了研制步伐。

1991年，宋文骢在歼10样机总装现场参加讨论

1991年，歼10飞机全尺寸金属样机总装完成

① 1988年12月，航空航天工业部以航计〔1988〕1832号文批复同意成都飞机工业公司（现中航工业成都飞机工业（集团）有限责任公司）和成都飞机设计研究所厂所结合，组成航空航天工业部成都飞机工业公司；厂所结合后，原成都飞机设计研究所、原航空工业部成都飞机工业公司设计所和试验室合并组成公司的工程发展中心。

宋文骢在歼 10 飞机全尺寸金属样机总装完成报捷会上讲话

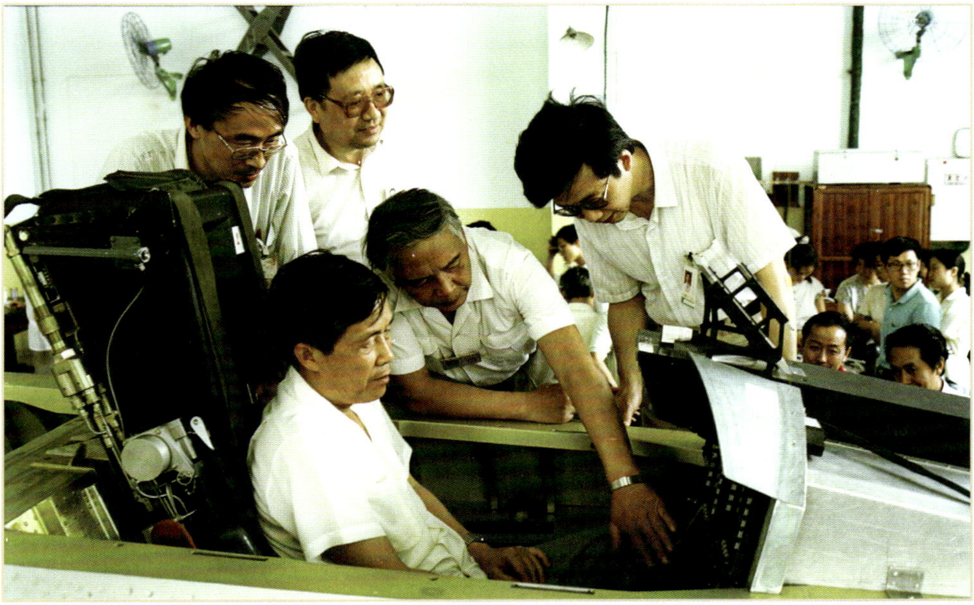

1991 年，成都飞机设计研究所顾伟（左一），成都飞机设计研究所所长张叔群（左二），成都飞机工业公司总经理侯建武（舱里），成都飞机工业公司副总工程师许德（右一）与宋文骢（右二）在歼 10 样机总装现场

1990 年 2 月，国务院总理李鹏（左）听取航空航天工业部部长林宗棠（右）关于新机研制的汇报（上）

1991 年，空军副司令员林虎体验歼 10 飞机全尺寸金属样机（下）

1994 年，中共中央总书记、国家主席江泽民（左）视察歼 10 飞机全尺寸金属样机

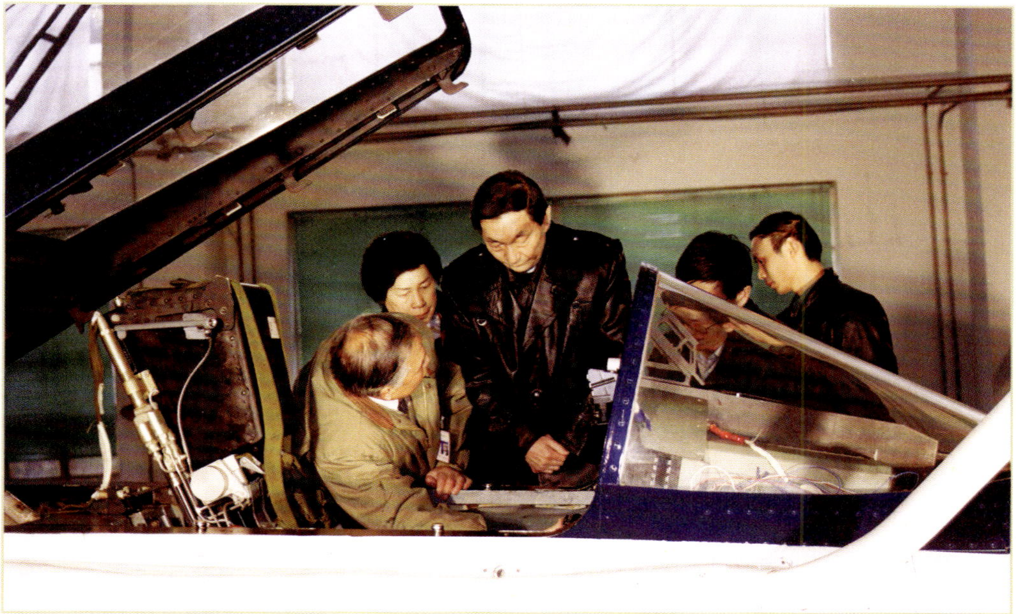

1994 年，中共中央政治局常委、国务院副总理朱镕基（左三）视察歼 10 飞机全尺寸金属样机

1995 年，国务院副总理吴邦国（右一）视察歼 10 飞机全尺寸金属样机

1995 年，国务院副总理邹家华（左一）视察歼 10 飞机全尺寸金属样机

三、主动在我自图强，攻坚克难攀高峰

（一）打破洋专家预言，坚持走自力更生之路

全尺寸金属样机带来的振奋还未消散，又一个大难题横亘在宋文骢的面前——如何解决飞机主起落架缓冲器伸缩运动的防卡滞问题。宋文骢拒绝了国外某飞机起落架公司开出高价的起落架设计方案，拿定主意，不管再难，也要自己研制出来！

宋文骢鼓励负责设计起落架的高泽迥（成都飞机设计研究所三室副主任）和其他年轻人："没有路的地方总要有人去。""一个起落架，依我看也没什么了不起，我相信你们能把它搞好。"经过几个月苦战设计出图样后，宋文骢和同事们在贵州安顺开展了长达半年多的起落架试验。最终，起落架完全达到设计标准，研制获得了成功。在宋文骢的带领下，整个项目的研制经费仅为外方开价的大约 1/368，不仅为国家节约了大量经费，也打破了外国人说中国人做不出这种起落架的预言，进一步增加了歼 10 飞机研制走自主创新之路的信心。

1991 年 9 月，歼 10 飞机主起落架首次落震试验

歼 10 飞机主起落架收放试验

（二）转变传统观念，设计贴近实战需求的飞机

宋文骢作为飞机设计总师，坚定地认为飞机就是打仗用的，就是给部队用的。他打破传统设计观念，从过去"飞行员只能适应飞机"转变为"飞机设计必须满足飞行员的要求"，他说："飞机是为飞行员设计的，一定要紧密结合飞行员的体验。"因此，在设计过程中，他亲自带领设计团队到部队走访，与飞行员频繁交流，了解部队作战需求。为了使歼 10 飞机设计与使用更加贴近实战要求，成为好用、管用的"撒手锏"武器，空

军也选调了一批经验丰富的高水平飞行员、试飞员参与设计开发和试验工作。定制化的设计能给使用者最舒服的操作体验感，歼 10 飞机操纵杆和油门杆双杆上 15 个按键的功能、位置和操作程序，“一键转换”的快慢轻重，甚至操纵杆的形状，都是由飞行员捏出模子再反复试验摸索最后确定的。歼 10 首飞员雷强曾这样形容：“过去开的飞机就像坐旧吉普车，现在就像高级轿车。”

为了多跟飞行员接触，了解他们的需求，搭建飞行员与设计师之间的桥梁，宋文骢这个不喜应酬的人却愿意和飞行员们聚会。他视这些聚会为重要的沟通交流机会，让设计师融入飞行员群体，共同改进飞机设计；也让飞行员看到设计师对飞行安全的珍视，使他们对歼 10 飞机充满信心。

宋文骢与歼 10 首飞伴飞试飞员李勇在一起

1990 年，宋文骢（*左五*）参加歼 10 试飞员小组工作会

1996 年，中国航空工业总公司试飞局局长屈见忠（*后排左二*）在成都飞机设计研究所飞控试验室进行现场交流

宋文骢参加歼 10 飞机试飞员和研发人员在飞行品质模拟器试验台上进行的飞行品质评价试验

1997 年，中国航空工业总公司副总经理、歼 10 飞机行政总指挥刘高倬（左四）和宋文骢（右四）一起与歼 10 飞机试飞员交流

（三）坚持自主创新，突破四大先进技术

为了提高歼 10 飞机研制的起点，党中央决策歼 10 飞机研制与国外合作。在与国外合作过程中，宋文骢团队坚持“引进、消化、吸收、再创新”，坚持以我为主研制的方针，掌握关键技术，形成一套自主知识产权的核心设计技术。宋文骢指出，技术攻关要敢于引进国外先进经验，又必须牵住牛鼻子。他鼓励不断创新，鼓励大胆试验。在北上南下，深入试制、试验、试飞第一线的同时，他又组织主、辅机厂所，以及设计、生产、

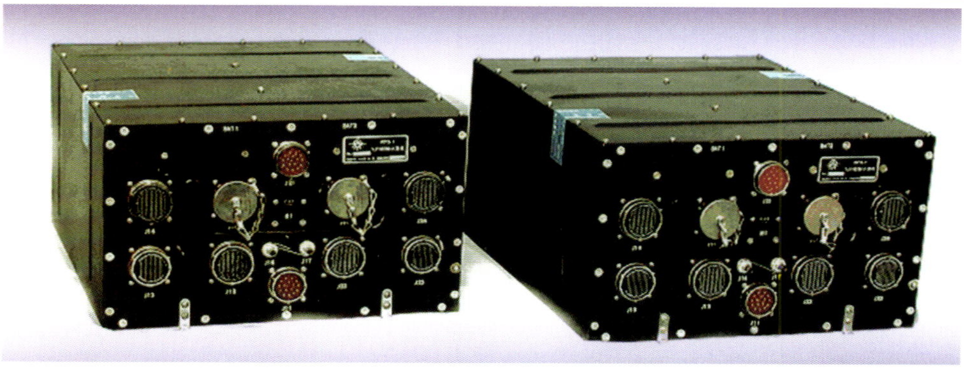

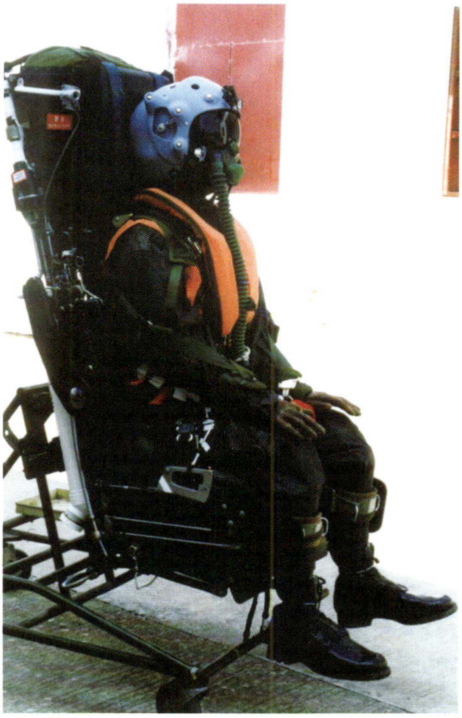

歼 10 飞机机载设备飞行控制计算机（上）
歼 10 飞机机载设备惯性导航分系统（左中）
歼 10 飞机机载设备任务计算机（MC）（左下）
歼 10 飞机机载设备火箭弹射救生座椅（下右）

成品部门联合攻关，使一大批学科交叉技术在一轮轮试验中不断深入，攻克一系列先进技术，也使得与之相关的一批新结构、新系统、新成品，以至原材料、元器件都上了一个陡峭的台阶。

最值得一提的是歼 10 飞机突破的四大先进技术。第一是放宽静稳定（裕）度近距耦合鸭式气动布局。歼 10 飞机解决了放宽纵向静稳定（裕）度、机翼 / 鸭翼近距耦合、综合弯扭和多操纵面协调偏转等关键难题。第二是全权限三轴四余度数字式电传飞行控制系统。歼 10 飞机是首型采用电传飞控技术的国产战斗机，在国内首次实现静不稳定控制、全包线内一级飞行品质和飞行员“无顾忌”操纵。第三是高度综合化、数字化的航电系统。1985 年，由于歼 10 飞机研制需要，宋文骢主持组建了中国第一个飞机设计研究所的航空电子系统综合设计研究室。歼 10 飞机采用自顶向下的系统功能分解法和“事件—响应式”过程设计等先进技术，通过数据总线将各子系统全面综合集成，实现了信息共享、综合显示，飞行员双手不离杆即可完成飞行操纵和作战控制。第四是计算机辅助设计、分析与制造技术（CAD/CAE/CAM）。歼 10 飞机建立了国内第一个覆盖设计 / 分析 / 制造等领域的 CAD/CAE/CAM 应用体系，突破了全机外形数字定义、CAD 到 CAE 的结构快速建模分析、数字化产品定义（DPD）、数控机加件基准定位法、数字化预装配（DPA）、产品数据管理（PDM）等关键技术，走在了中国航空工业发展的最前沿。这四大先进技术的突破，为后续战斗机的发展奠定了基础，对中国航空工业的发展有着深远的影响。

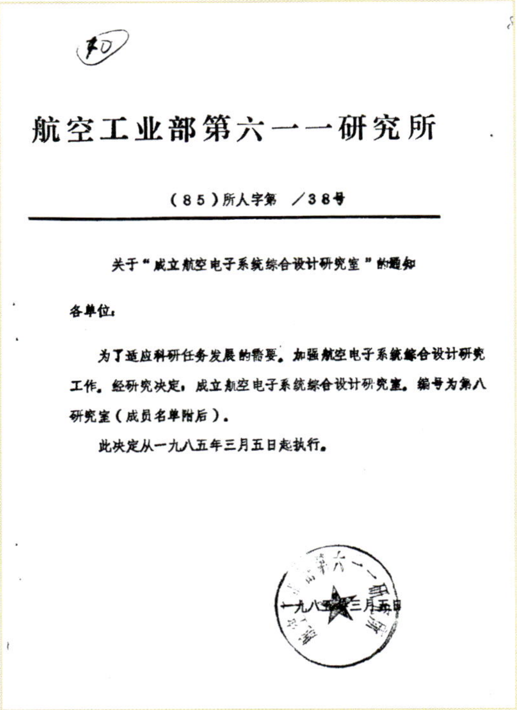
航空工业部第六一一研究所

（85）所人字第 ／38号

关于“成立航空电子系统综合设计研究室”的通知

各单位：

为了适应科研任务发展的需要，加强航空电子系统综合设计研究工作。经研究决定，成立航空电子系统综合设计研究室。编号为第八研究室（成员名单附后）。

此决定从一九八五年三月五日起执行。

一九八五年三月五日

关于《成立航空电子系统综合设计研究室》的通知

对于各系统的重大技术方案、设计方法、攻关途径、试验方案和关键试验设施建设，宋文骢常常亲临现场，拍板决策。按照惯例，研制一架新飞机采用的新技术和新成品通常不超过 30%，但是歼 10 飞机采用新系统和新成品的比例高达 60%，这么“新”的飞机能够成功，可以说是一个奇迹。

1993 年，顾诵芬院士（左）与宋文骢（右）在十号工程转阶段评审暨“两师系统”工作会上交流

1993 年，宋文骢在十号工程成品协调会上作技术报告

1995 年，宋文骢在歼 10 飞机 01 架开铆仪式上讲话

1996 年，宋文骢（*右二*）参加歼 10 飞机燃油模拟台验收会

1996 年，宋文骢（左）检查歼 10 飞机整体油箱加油加载试验

1997 年，宋文骢（站立者）在歼 10 飞机会战 60 天攻克“5 · 31”动员大会上激情讲话

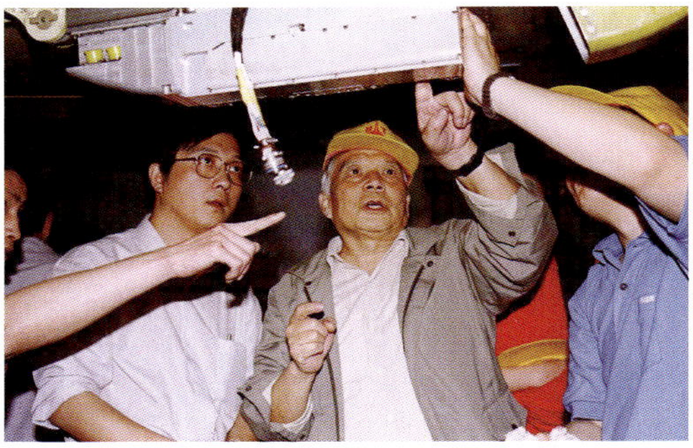

1997 年，宋文骢（前排中间）参加歼 10 飞机液压试验台调装（上）

1997 年，宋文骢（左一）在歼 10 飞机 01 架全机通电测压现场（下左）

1997 年，宋文骢（右二）在歼 10 飞机 01 架总装现场为前轮舱排故（下右）

经过十几年的奋战，1997 年 6 月 2 日，首架歼 10 飞机总装交付剪彩仪式在成都飞机工业公司试飞站举行。中央军委副主席刘华清等领导出席了仪式，并为飞机剪彩。至此，歼 10 飞机原型机横空出世，等待它的将是更严峻的挑战和考验——首飞。

1997 年 6 月 2 日，歼 10 飞机总装交付剪彩仪式

1997 年，宋文骢在歼 10 飞机总装交付剪彩仪式上讲话

1997 年，中央军委副主席刘华清（舱外左二）视察歼 10 飞机总装现场

1997 年，中央军委副主席刘华清（前排右二）为歼 10 飞机总装交付剪彩

在漫长的研制岁月里，航空工业部也经历了两次变迁①。但不论名称和机构设置如何变化，上级机关单位对歼 10 项目的研制都秉承一贯的重视和支持，助力歼 10 项目不断推进。

1997 年，中华人民共和国国家计划委员会副主任甘子玉（前排左二）、科工委副主任怀国模（前排右二）、中国航空工业总公司总经理朱育理（前排右一）视察成都飞机设计研究所

① 1988 年 4 月，航空工业部与航天工业部合并组建航空航天工业部；1993 年 3 月，航空航天工业部撤销，新组建航空工业总公司和航天工业总公司。

1997 年，国防科工委原副主任谢光（前排左三）视察歼 10 飞机 01 架总装现场

1997 年，国防科工委在成都飞机设计研究所召开“抓紧工作，确保首飞”十号工程动员大会

四、决策千钧显真章，猛龙出世震苍穹

歼 10 飞机的研制一波多折，宋文骢在关键时刻冷静判断、谨慎决策，推动着歼 10 飞机一步步迈向成功。

（一）冷静排故

1997 年 7 月，第一架歼 10 原型机完成总装后，在试飞站进行发动机地面开车试验，但接连两次，都发生了因多余物导致的发动机叶片多处损坏，整个团队士气大伤。宋文骢一面安抚大家的情绪，一面参与紧急会议和事故排查，从设计端到总装全面整改。第三次发动机试车时，他镇静自信地在试车申请表上签下了自己的名字。最终，第三次发动机试车成功完成。

歼 10 飞机首飞计划定在 1998 年 3 月 12 日执行，但在飞行前的最后一次机务检查中，机械员张凤贵发现机身漏下了不易察觉的三滴油，此时离原定的首飞时间只有十几个小时。是带着这个小隐患起飞，还是推迟万众瞩目的首飞？这是个问题。宋文骢冷静地检查了漏油部位，明确判断“不能飞”，他说：“我们绝不能让飞机带着一点点安全隐患上天！”成都飞机工业公司总经理、现场总指挥杨宝树和成都飞机工业公司副总经理、总工程师薛炽寿也同意宋文骢的意见，行政总指挥刘高倬综合大家的意见当机立断，向北京建议推迟首飞时间。宋文骢一直待在现场排故，直到问题解决归零。

1997 年 7 月，宋文骢在歼 10 飞机 01 架原型机发动机首次开车出现故障的现场

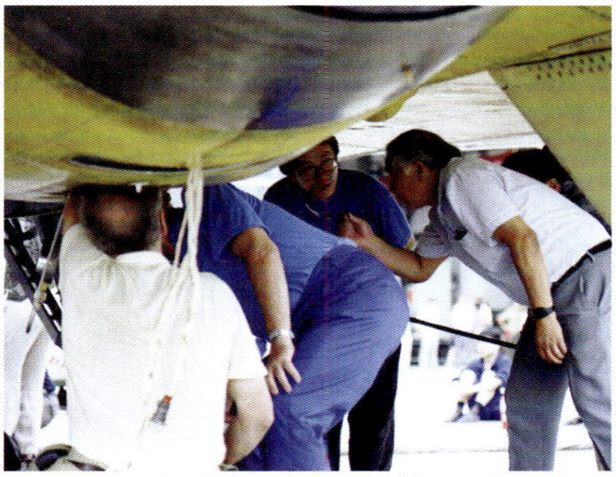

1997 年 8 月，宋文骢在现场检查工作

（二）有底气的首飞

当时间真正来到首飞那一天时，现场所有人都很紧张，国外第三代飞机在试飞阶段没有不摔的前例似乎成了一个魔咒，但宋文骢却神态平静地注视着歼 10 飞机。因为他相信新歼的设计和研制过程，“它的方案是先进的，它的设计是严密的，经过了无数的论证和反复的试验，是建筑在严密严格科学基础之上的产品”。他有底气！

1998 年 3 月 23 日，在万众瞩目与期盼中，歼 10 飞机首飞成功，宋文骢和他的团队孕育了十几年的“孩子”一飞冲天震惊世人，他也将自己的生日改在了这一天。

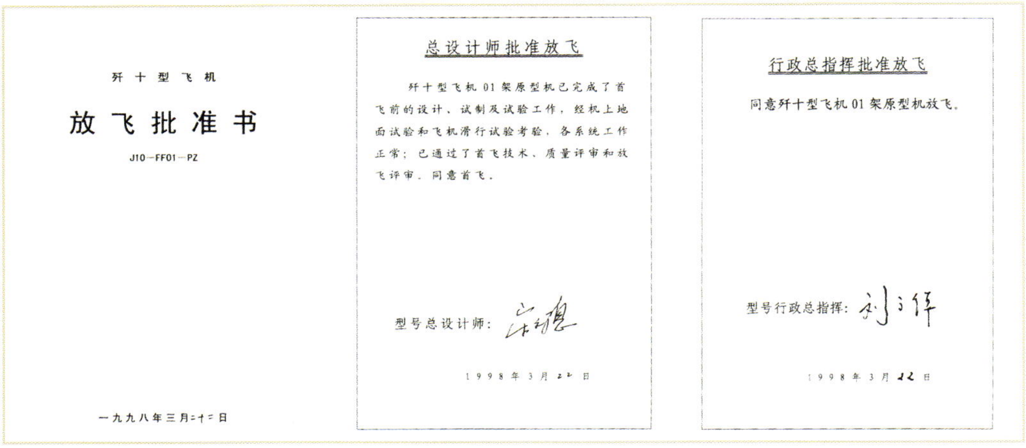

歼十型飞机

放飞批准书

J10—FF01—PZ

一九九八年三月二十二日

总设计师批准放飞

歼十型飞机 01 架原型机已完成了首飞前的设计、试制及试验工作，经机上地面试验和飞机滑行试验考验，各系统工作正常；已通过了首飞技术、质量评审和放飞评审。同意首飞。

型号总设计师：

1998 年 3 月 22 日

行政总指挥批准放飞

同意歼十型飞机 01 架原型机放飞。

型号行政总指挥：

1998 年 3 月 22 日

歼 10 飞机 01 架原型机放飞批准书（上）
1998 年 3 月 23 日，歼 10 飞机 01 架首飞滑跑（中）
1998 年 3 月 23 日，朱育理（右一）等观看歼 10 飞机 01 架首飞（下）

1998 年 3 月 23 日，歼 10 飞机 01 架首飞成功后雷强激动抹泪（上）
1998 年 3 月 23 日，宋文骢和试飞小组一起向首长报告歼 10 飞机 01 架首飞任务圆满完成（下）

1998 年 3 月 25 日，宋文骢（左四）与同事庆祝 68 岁生日。此后，他的生日改为 3 月 23 日——歼 10 飞机首飞成功的日子（上左）

1998 年 3 月 24 日，宋文骢在歼 10 飞机 01 架首飞成功庆祝大会上发言（上右）

1998 年，十号工程立功受奖现场（前排左起为薛炽寿、宋文骢、雷强）（下）

（三）顶住压力的“瘦身”

1999 年，根据军事斗争需要，总装备部组织空军和中国航空工业总公司进行论证，决定在歼 10 飞机设计定型前，提前投产 0 批（试用批）飞机，交付部队领先试用试飞。按照总装备部下发的《2000 年至 2005 年歼十飞机研制生产实施方案》，2002 年 12 月须完成 0 批飞机的生产交付。

然而在歼 10 飞机转入设计定型试飞阶段的试飞过程中，出现了超声速飞行阻力偏大、飞机水平加速性不达标的问题。这个问题不解决，不仅无法决策 0 批能否提前投产，甚至会影响到型号的发展前途。宋文骢听取总体、气动专业工作汇报后，组织专题会议进行研究讨论，提出收缩后机身外形、减少鼓包、提高飞机表面质量等减阻措施，但这将带来较大技术风险，部分工装和已加工零部件也要报废重做，研制生产周期的矛盾十分突出。但是，为了使歼 10 飞机能全面达到战技指标要求，宋文骢顶住质疑与压力，指出：“飞机后机身不‘瘦身’就没有出路，必须破釜沉舟！”他说服上级领导和兄弟单位领导，最终赢得各方面的支持。在所有参研单位的共同努力下，减阻措施顺利实施，成都飞机设计研究所抓紧进行“瘦身”优化改进设计，成都飞机工业集团也创造了在 18 个月内生产了 6 架 0 批飞机的奇迹。

1999 年，中国人民解放军总装备部领导到成都飞机设计研究所检查工作

（四）忙碌在试飞第一线

歼 10 飞机首飞成功后，总装备部、空军和航空工业决策，以“超常规不超程序”的方式实施“加快试飞、加速定型”方案。歼 10 飞机定型试飞采用新型试飞技术，进行新的试飞科目。在试飞的关键时期，宋文骢暂缓离休，奔赴试飞第一线，参加试飞现场办公会、检查指导试飞工作、解决试飞中出现的重要技术问题。

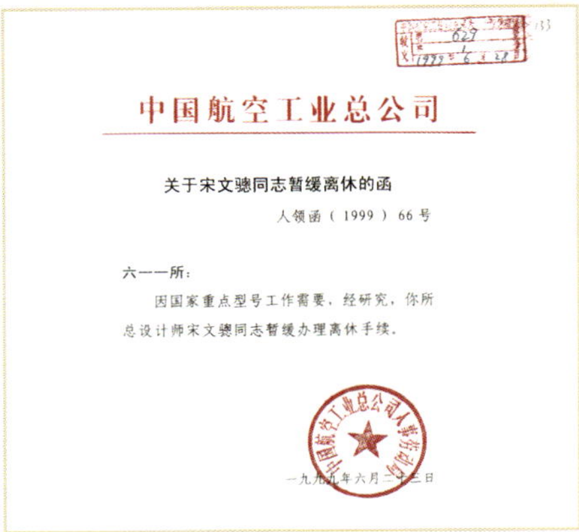

中国航空工业总公司

关于宋文骢同志暂缓离休的函

人领函（1999）66 号

六一一所：

因国家重点型号工作需要，经研究，你所总设计师宋文骢同志暂缓办理离休手续。

一九九九年六月二十三日

关于宋文骢同志暂缓离休的函

歼 10 飞机总设计师宋文骢（左）、行政总指挥王昂（中）、总工程师薛炽寿（右）在工作现场

薛炽寿（左）、杨宝树（中）和宋文骢（右）在试飞现场解决问题

歼 10 总工艺师李明才（左）和宋文骢（右）在歼 10 飞机 01 架试车现场

歼 10 项目办主任、歼 10 工程研制副总指挥晏翔（左一）和雷强（右一）在歼 10 飞机试飞现场交流

飞出歼 10 极限性能的飞行员李中华（右二）与技术人员交流

歼 10 飞机试飞总师周自全在试飞现场检查工作

在试飞过程中，空军试飞员们以精湛的试飞技术，把歼 10 飞机飞行包线推向到前所未有的边界，创造了国际上三代飞机试飞不摔飞机的纪录，推进了飞机定型的进程。

2001 年，成都飞机工业集团总经理兼党委副书记、歼 10 飞机现场总指挥杨廷阔（左），宋文骢（中）与刘高倬（右）在歼 10 飞机 06 架首飞仪式上签字

2002 年，成都飞机设计研究所所长李文正（左）、宋文骢（中）和晏翔（右）参加歼 10 工程现场动员大会

（五）激动人心的参军时刻与设计定型

2003 年 2 月，0 批飞机正式移交部队领先使用，为歼 10 飞机的设计定型和顺利列装，以及后续系列化发展奠定了良好基础。3 月 10 日，在歼 10 飞机到部队领先试用开飞仪式和动员大会上，宋文骢动情地说：“今天是个好日子，新机 18 岁了，今天终于参军了！”这句话道出了全体参研人员的心声。从 1984 年的一张草图，到喷上“八一”军徽，歼 10 飞机飞上了蓝天，装备部队，这是一个激动人心的时刻。

2002 年，宋文骢（右）参加歼 10 飞机研制生产工作会

2002 年，宋文骢在歼 10 飞机 0 批 01 架首飞放飞评审会上签字

2003 年，宋文骢（左）和国防科工委副主任叶正大（右）在歼 10 飞机研制工作汇报咨询会现场交流

2003 年，歼 10 飞机装备部队，试训基地副司令员李勇在作飞行准备

2004 年，歼 10 飞机顺利通过了国家航定委的设计定型审查。宋文骢在设计定型审查会上深情发言：“今天，随着歼 10 装备部队，形成战斗力，我们在经历了艰辛、磨砺、汗水、成功、喜悦、激动之后更感到扬眉吐气。”

2003 年，歼 10 飞机双机起飞

2004 年，宋文骢在歼 10 飞机设计定型审查会上作研制总结报告

2004 年，歼 10 飞机 1 批首装部队交接仪式

2004 年，宋文骢在歼 10 飞机设计定型审查会上签字

2006 年 12 月 29 日，新华社向世界宣布：由中国自主研制的新一代歼 10 战斗机，已成建制装备部队、形成作战能力。这对加快军队武器装备现代化建设、巩固国防具有重大意义。

CHINA AVIATION NEWS
中国航空报
创造新境界 开拓新局面
歼十飞机批量装备部队
中国一航 2006 年度十大新闻
中航二集团 2006 年度十大新闻

2007 年 1 月 2 日，《中国航空报》刊发“歼 10 飞机批量装备部队”新闻

歼 10 飞机列装部队

2007 年 1 月 5 日，中国航空工业第一集团公司（简称中国一航）在北京举办新闻发布会，向全世界宣布：歼 10 飞机是中国迈向世界航空强国的决定性一步，也是中国航空工业跨越发展的一个重大里程碑。歼 10 飞机正式亮相在世人面前，宋文骢也终于从幕后走到台前，在中国航空工业发展的历史长河中留下了他的名字。

2007 年，宋文骢（左）、刘高倬（中）和中航一集团副总经理耿汝光（右）在歼 10 飞机新闻发布会上

2007 年，宋文骢（左五）在歼 10 飞机新闻发布会

CHINA AVIATION NEWS
中国航空报 号外
龙腾东方
中国一航歼十飞机傲啸长空
丰碑在我心中
肩负使命 任重道远
宋文骢
薛炽寿
周自全
“一干就是二十年”
中华歼十
长空利剑
谁与争锋

2007 年 1 月 5 日，《中国航空报》出版号外，庆贺歼 10 飞机公开亮相

此后，宋文骢还主持了歼 10 双座机前期方案论证及方案设计工作，主持完成歼 10 单、双座机兼容设计方案，从总体上为歼 10 双座机快速成功研制创造了条件。2004 年、2007 年分别荣立中国航空工业第一集团公司歼 10 双座机 01 架首飞一等功和设计定型工作二等功。

2005 年，宋文骢（右一）参加歼 10 双座机设计定型审查大会开幕式

歼 10 双座机

歼 10 双座机

2009 年 10 月 1 日，庆祝中华人民共和国成立 60 周年阅兵式在天安门广场举行，年近 80 岁的宋文骢，受到中国人民解放军总政治部和中华人民共和国民政部的特别邀请，坐在观礼台上参加这举世瞩目的国庆盛典。1999 年，他和同伴们为中国空军打造的第二代飞机曾稳健地飞过天安门；如今，他又亲手把第三代飞机送上蓝天，再次接受党和人民的检阅。

2009 年，国庆 60 周年阅兵仪式上歼 10 飞机飞过天安门上空

2016 年，歼 10 飞机航展表演

（六）荣获国家科学技术进步奖特等奖

歼 10 飞机的成功研制，突破了一系列三代机设计、制造和试飞关键技术，带动了一批相关产业的快速发展和更新换代，建立了一套完整的现代飞机研发体系，使中国航空工业实现了跨越发展。

歼 10 飞机研制实现了最初的三大目标——研制一代先进战斗机、建设一流研制基地、培养一支掌握先进设计技术的人才队伍，是改革开放后中国人民解放军航空武器装备建设和航空工业发展的争气工程、创新工程、人才工程和铸魂工程。2004 年，歼 10 飞机获得国防科学技术奖特等奖。

2004 年，宋文骢荣获歼 10 飞机国防科学技术奖特等奖荣誉证书

2005 年 8 月，国家科学技术进步奖评委会专用项目评审会人员合影（前排左四为宋文骢）

2007 年 2 月 27 日上午，中共中央、国务院在北京人民大会堂隆重举行国家科学技术奖励大会，“歼 10 飞机工程”荣获国家科学技术进步奖特等奖。

2006 年，宋文骢与装备部队的歼 10 飞机合影

2006 年，宋文骢与歼 10 飞机模型

2006 年，宋文骢在办公室

2007 年，国家科学技术奖励大会在北京人民大会堂隆重举行

2007 年，宋文骢领取“歼 10 飞机工程”国家科学技术进步奖特等奖后在人民大会堂外拍照留念

宋文骢荣获“歼 10 飞机工程”国家科学技术进步奖特等奖证书

2007 年，“国家科学技术奖励大会专场音乐会”请柬封面上的歼 10 飞机

CHINA AVIATION NEWS

中国航空报

国内统一刊号:CN11-0075 邮发代号:1-144 2007 年 2 月 27 日 星期二 第 1807 期

中国航空工业第一集团公司 中国航空工业第二集团公司 主 办

围绕“五心”开

中航二集团召开第十四

本报讯 2 月 15 日，中航二集团召开第十四次安全生产委员会会议。会议传达了国家有关部门安全生产会议和文件精神，总结了 2006 年集团公司安全生产工作，表彰了安全生产先进单位，研究部署了 2007 年安全生产工作。集团公司总经理、安委会主任张洪飚作重要讲话，副总经理、安委会常务副主任徐占斌主持会议。

张洪飚在讲话中要求各企事业单位要把对安全生产工作的认识统一到胡锦涛总书记关于安全生产的“四个必然”的讲话精神上来，并以此指导集团公司科研、生产、试验和各项经营活动。集团公司的安全生产要围绕爱心、细心、关心、恒心和决心这“五心”开展工作，不断提炼和拓展“五心”的内涵与外延，唱响以“五心”为核心的安全文化主旋律，系统推进安全文化建设。要高度重视安全理念，通过安全理念推动安全文化建设，并以此为支撑点切实抓好安全生产工作。

2007 年伊始，集团公司生产经营捷报频传、各种型号进

“歼十”捧回国家科技进步特等奖

本报讯（记者承求 特约记者计红燕）记者从中国一航获悉，在国家科学技术奖励大会上，歼十飞机工程被授予 2006 年

能、多用途第三代先进战斗机，具有高可靠性、高生存力和高机动性能，作战半径大，起降距离短，攻击能力强，综合作战效能达

白，达到国际先进水平。通过歼十飞机研制建立的研发体系、取得的技术成果和造就的人才队伍，为我国下一代先进战斗机

2007 年 2 月 27 日，《中国航空报》刊发“歼十捧回国家科技进步特等奖”新闻

2007 年，歼 10 飞机项目荣获国家科技进步特等奖，获奖人员从北京返蓉受到热烈欢迎

2007 年，歼 10 飞机项目荣获国家科技进步特等奖庆贺座谈会在成都举办

为歼 10 工程作出贡献的老领导、老专家和中国一航部分领导合影

2007 年，从国家科技进步奖领奖现场返蓉的宋文骢

歼 10 飞机四机编队训练

航空档案 2007.3

歼 10 飞机外挂

第五部分

薪火绵延不息，丰碑屹立长空

民解放軍佈告
六一一所：
因国家重点型号工作需要，经研究，
总设计师宋文骢同志暂缓办理离休手续。

一、功成不彰礼谦谦，德行垂范励人心

（一）桃李不言，下自成蹊

宋文骢从事了几十年飞机研制工作，但他父母和兄弟都不知道他是干什么的。弟弟宋文鸿去探望他，无意看见书柜里有几本医学类书籍，回去后对家人说：“哥哥现在可能已改行当牙医了！”直到歼 10 飞机部分解密后，报纸和杂志上出现他的名字，家人才得知真相。女儿宋凌也回忆说，从 1986 年研制歼 10 飞机开始到 1998 年 3 月飞机首飞，父母在家里从来不提工作上的事情。

宋文骢常用的工具书

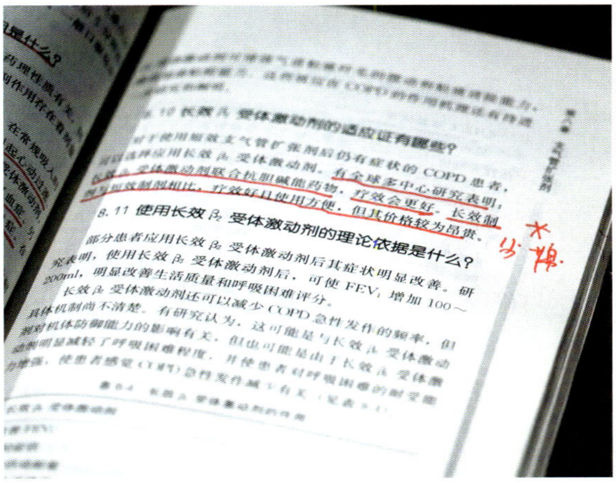
宋文骢晚年办公桌上的医学书籍

耕耘久获满园香，五十载投身航空事业，二十年扎根歼 10 研制，宋文骢的执着付出获得了党和国家以及人民的高度肯定，获得一系列荣誉，并于 2006 年摘得第二届航空航天月桂奖终身奉献奖，2009 年获得时代领跑者——中华人民共和国成立六十年最具影响的劳动模范提名奖，2010 年当选“感动中国 2009 年度人物”。

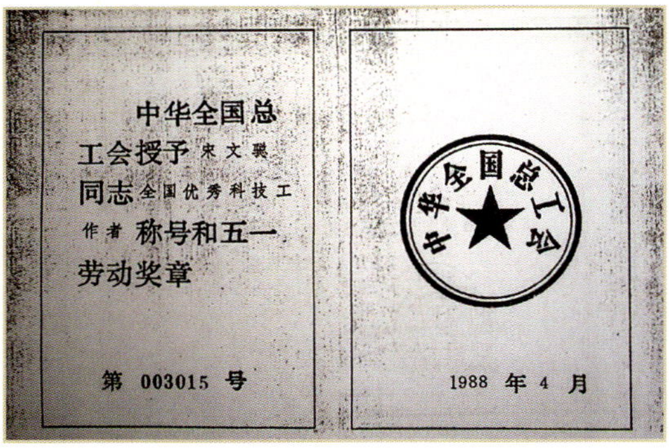
中华全国总工会授予宋文骢同志全国优秀科技工作者称号和五一劳动奖章

第 003015 号

中华全国总工会

1988 年 4 月

1988 年，宋文骢荣获“全国优秀科技工作者”称号和五一劳动奖章

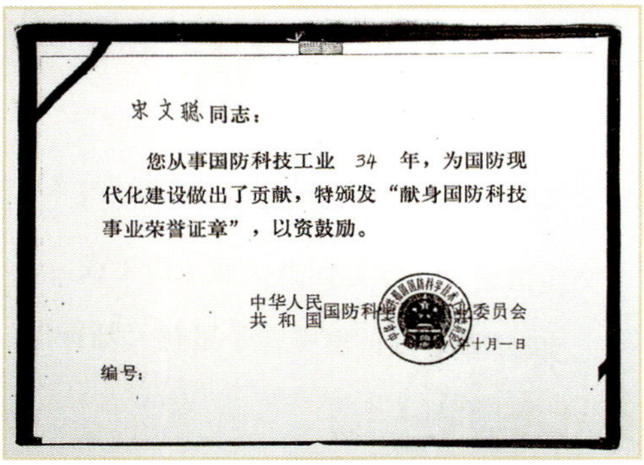
宋文骢同志：

您从事国防科技工业 34 年，为国防现代化建设做出了贡献，特颁发“献身国防科技事业荣誉证章”，以资鼓励。

中华人民共和国国防科学技术工业委员会

十月一日

编号：

1998 年，宋文骢荣获“献身国防科技事业荣誉证章”

收文 第 1183 号 共 1 页 2000 年 10 月 24

人事处 收

人事部文件

人发[1999]116 号

人事部关于授予袁隆平等十名同志“杰出专业技术人才奖章”和给予王梦恕等四十名同志记一等功奖励的决定

各省、自治区、直辖市人事（人事劳动）厅（局），国务院各部委、各直属机构人事（干部）部门：

建国五十年来，特别是改革开放二十年来，工作在各条战线上的广大专业技术人员为我国社会主义建设事业做出了突出的贡献，他们的辛勤工作和创新精神，促进了我国科技教育水平的提高，推动了经济和社会的发展，提高了人民

— 1 —

记一等功人员名单

（共 40 名）

王梦恕 方智远 夏家辉 郭进考 汪宜蕙 褚健
郭兴措 赵克中 张贤明 李登海 陈鼎常 傅万才
郝秉中 宋宝安 李殿荣 解金瑞 时匡 谢明权
李志丹 宛晓春 杨公衍 周开达 邓希平 王金锐
莫家让 尼玛扎西 裴志新 乌国庆 唐小我 索丽生
徐洵 龚健雅 袁永发 谭国俊 吴忠良 宋文骢
张凤山 刘汝山 樊凤兰 孙玉发

证书

给予宋文骢同志记一等功奖励。

中华人民共和国人事部

一九九九年十月日

1999 年，宋文骢荣立中华人民共和国人事部一等功

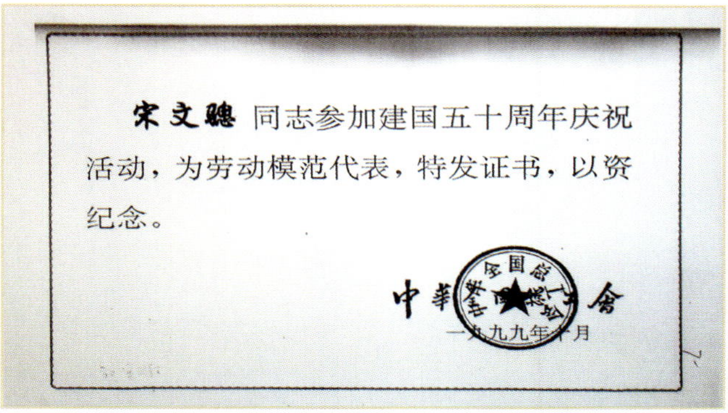

1999 年，宋文骢作为全国劳动模范代表参加建国五十周年庆祝活动纪念证书

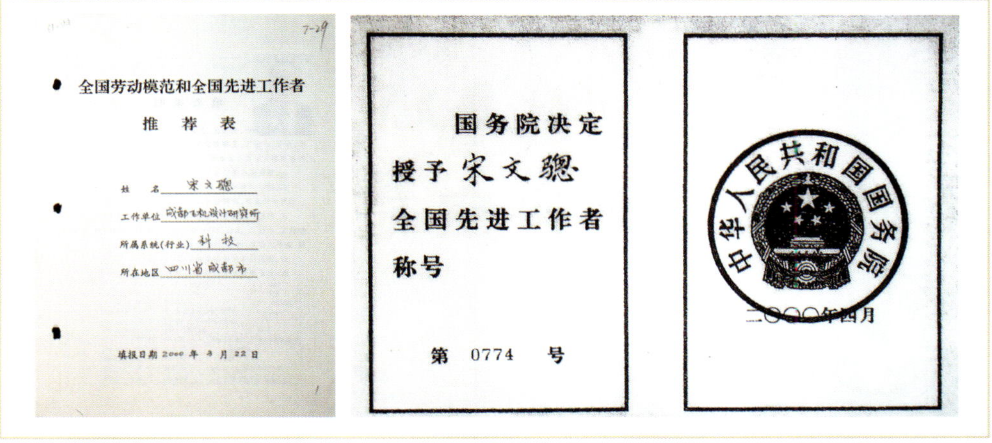

2000 年，宋文骢全国先进工作者推荐表和获评证书

2002 年，宋文骢荣获何梁何利基金科学与技术进步奖获奖通知书、奖牌和证书

2006 年，宋文骢（前排左五）荣获第二届航空航天月桂奖终身奉献奖

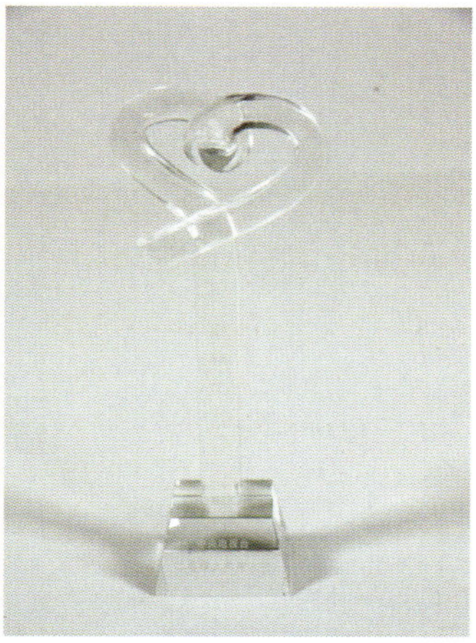

宋文骢获评中央电视台“感动中国2009年度人物”的奖杯

荣誉证书

授予 宋文骢 同志

第一届国防科技工业杰出人才奖

中央组织部 国防科工局 人力资源社会保障部 中国科学院 中国工程院

二OO九年一月

2009年，宋文骢荣获“第一届国防科技工业杰出人才奖”荣誉证书

宋文骢同志荣获时代领跑者——中华人民共和国成立六十年最具影响的劳动模范提名奖。

中华全国总工会

二OO九年九月

时代领跑者

—中华人民共和国成立六十年最具影响的劳动模范提名奖

证书

2009年，宋文骢荣获“时代领跑者——中华人民共和国成立六十周年最具影响的劳动模范提名奖”获奖证书及奖章当荣誉纷至沓来，宋文骢始终保持一颗平和致远的心。在被评为“感动中国 2009 年度人物”的时候，他对女儿说，“感动中国的，不是我，是歼 10 背后几代人的努力，是歼 10 背后千千万万个航空人默默无闻的付出感动了中国。”

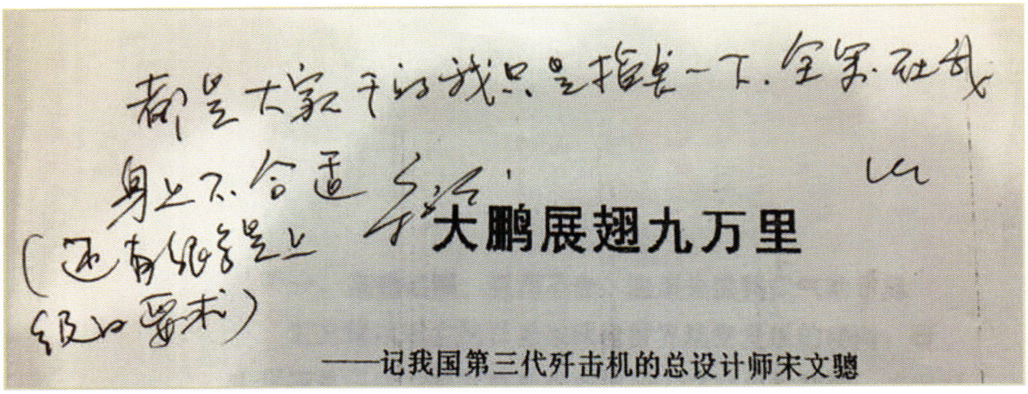

宋文骢亲笔批注，“都是大家干的，我只是指点一下，全算在我身上不合适”

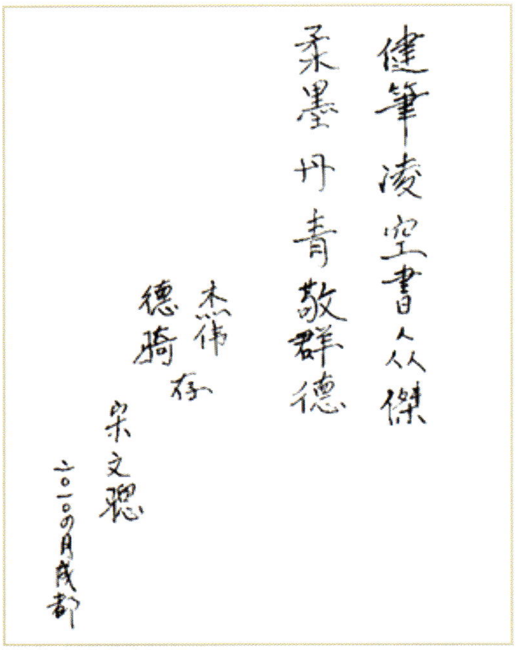

宋文骢题赠《鹰击长空》作者的诗句中藏着“群众”二字

宋文骢的部分工作笔记

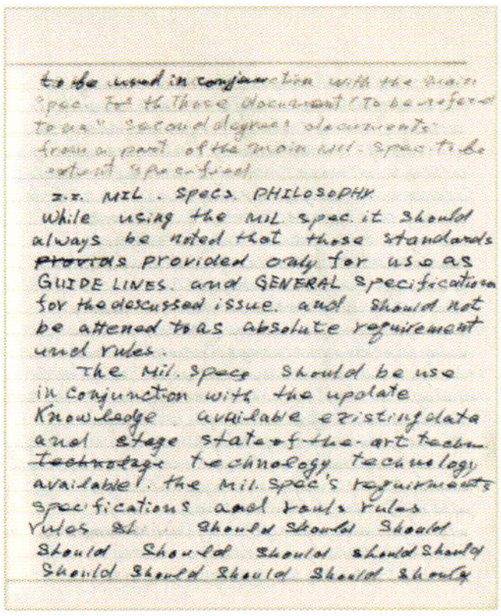

宋文骢 20 世纪 80 年代的工作笔记内容

宋文骢申报中国工程院院士的过程也相当曲折。1997 年申报时，歼 10 飞机还没有首飞，歼 7 Ⅲ 飞机也未解密，宋文骢的申报材料由于密级高，无法拿到行业外评审。1998 年，歼 10 飞机首飞成功，可因为保密原因不能公之于世，依然造成宋文骢评选院士困难重重。直至 2003 年，宋文骢当选为中国工程院院士。

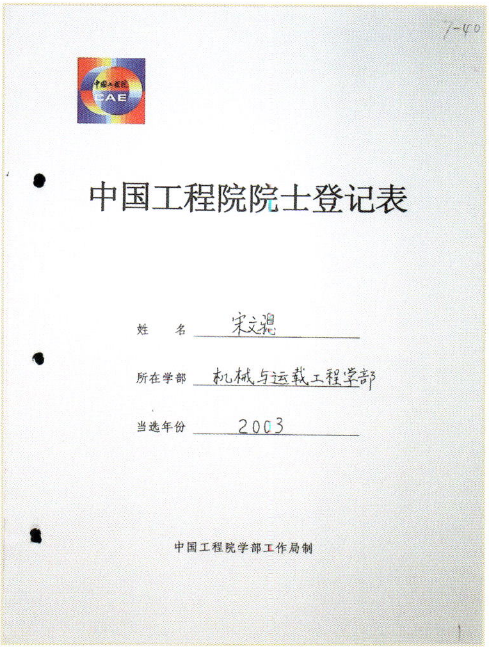
7-40
中国工程院院士登记表
姓　　名　宋文骢
所在学部　机械与运载工程学部
当选年份　2003
中国工程院学部工作局制

宋文骢的中国工程院院士登记表

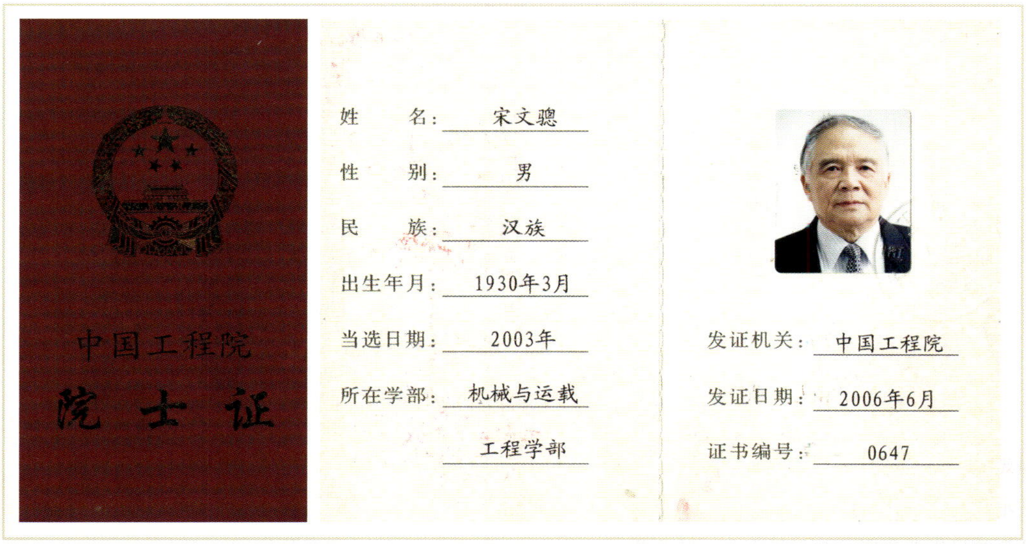
中国工程院
院　士　证
姓　　名：宋文骢
性　　别：男
民　　族：汉族
出生年月：1930年3月
当选日期：2003年
所在学部：机械与运载工程学部
发证机关：中国工程院
发证日期：2006年6月
证书编号：0647

宋文骢的中国工程院院士证

2003 年 11 月，成都飞机设计研究所组织开展了第一届“院士杯”拔河比赛，以弘扬宋文骢精神，彰显团结力量。自此“院士杯”拔河比赛成为成都飞机设计研究所每年必不可少的一项大型活动，成为成都飞机设计研究所的一种传统、一种精神、一种文化，激励大家以更高昂的斗志、更饱满的精神和更崭新的风貌，投身到新一年的各项科研工作中去。

2006 年 12 月 15 日，宋文骢在“院士杯”拔河比赛现场

2009 年 12 月 15 日，宋文骢在“院士杯”拔河比赛现场

2013 年 12 月 27 日，宋文骢在第十一届“院士杯”拔河比赛现场

宋文骢在“院士杯”拔河比赛上使用过的口哨

（二）情系蓝天，共筑穹梦

在事业上倾注了多少时间和精力，对家人就有多少亏欠和自责。几十年来，宋文骢舍弃了常人所拥有的生活规律和天伦之乐，缺席了女儿的成长，抱憾了岳父的离世；连妻子的眼病治疗，都是等到歼10首飞成功以后，宋文骢才有了一点时间陪同她手术。在妻子张懿的记忆里，这次住院竟是他们相处中谈家长里短时间最长的一次。但妻子和女儿也是最理解他和支持他的人，宋文骢的女儿宋凌后来也跟随父母的脚步，踏上了航空报国之路。

2006年，宋文骢与妻子张懿合影

2000年，宋文骢夫妇与女儿女婿合影

2008 年中秋，宋文骢夫妇和小外孙在成都合影

2009 年，宋文骢夫妇在大理崇圣寺三塔合影

（三）妙趣生活，质朴真诚

“他经常有一些层出不穷的点子和突发奇想的创意。”宋文骢的女儿宋凌记得，有一次父亲骑着自行车出去买菜，因为菜买得太多，篮子里装不下了，他就把胡萝卜夹在自行车的辐条里，骑着回来了。宋凌说：“在工作中，他认真严肃；在生活中，他热情阳光充满活力。”

1990 年 12 月 26 日，宋文骢（前排左二）参加庆祝成都飞机设计研究所成立二十周年火炬接力赛

1998 年，宋文骢参加成都飞机设计研究所九室庆祝活动时清唱云南民歌

2004 年 5 月，年过七旬的宋文骢与少年展示坐位体前屈

2005 年 8 月，宋文骢参加成都飞机设计研究所游泳比赛

宋文骢在嘉峪关

2006 年 10 月，宋文骢做鬼脸（宋文骢平时主意多，同事、同行们也戏称他“宋老鬼”，或称他“老顽童”）

宋文骢生活简朴，一块电子表，陪了他十余年；一辆自行车，伴他每天风雨无阻地往返办公室与家中；一支签字笔，用到表面都磨损。

一块电子表陪伴宋文骢十余年

宋文骢在成都飞机设计研究所生活区骑着他心爱的红色自行车

宋文骢使用过的签字笔

成都飞机设计研究所很多职工和家属在小区里偶遇过宋文骢，有时碰到他从凉水井菜市场买了菜骑车回家，有时碰到他在超市里购买散装的鸡蛋，有时碰到他在小区附近缝补衣服的小店付钱。他真诚地与每个相遇的同事、邻居打招呼，即使面对首次谋面的新员工他也会和蔼地回个笑容或寒暄几句、鼓励几句。他是歼10飞机总设计师，是平凡的丈夫、父亲，也是最普通的邻家长者、和蔼老头儿。

想跟宋总和大家说的话

追忆与宋总偶遇的两件生活小事

第一次与宋总偶遇是在401大楼的电梯里。当时我刚入所不久，一见到宋总我下意识地轻呼了一声“宋总”，紧张得都不知道这个声音发出来了没有，因为一直以来宋总在我心目中就像神一样存在。谁知这时宋总突然和我说：“你的鞋带开了”，我羞红了脸，赶忙蹲下系鞋带，心想第一次见到宋总就出了洋相，真是羞愧难当。这时宋总又开口了：“你这个鞋带是圆形的吧？这种圆形的鞋带最容易开。”我赶忙观察，果然是圆形的。宋总的思维方式让我心头一震，他不停留在问题表面，更善于观察，探寻根本。虽然只是件小事，但这种近乎成为习惯的思维方式对我这初出茅庐小辈也是一种宝贵的启发。

还有一次印象很深的偶遇是在老区菜市场楼上的小超市里。宋总是自己来的，他称了一些六元一斤的散装鸡蛋。我原本打算买一些盒装的精品鸡蛋，看到宋总称的这种，我也改变了选择，买了宋总选的那种鸡蛋。等我满怀期待回家打开鸡蛋准备炒菜时发现鸡蛋有些散黄了，心里不免有些担心起来，宋总怎么能吃这样的鸡蛋，宋总这种国家级专家怎么生活这么简朴。我反复纠结着要不要向宋总表达我的担忧，最后“宋总的判断肯定比我强，宋总会发现这鸡蛋不新鲜”的观念占了上风，隐藏了我的担心与关切。

如今宋总离开我们了，除了感慨宋总一生简朴的生活作风外，我还有一丝感悟，就是作为一个晚辈，尤其是年轻人，一定要好好珍惜我们身边的智者，不能因为羞怯，就不去表达我们的敬重与关切，不能因为过于敬重，反而放弃了与之交流和获得启迪的机会，珍惜与他们在一起的每一个瞬间，与大家共勉。

宋总安息，永远敬爱您！　　（十部 王凯）

和宋总聊自行车

刚搬来新区不久，那时候所里面兴起了一股从老区骑行自行车到新区的热潮，我也买了一辆。

有一天，我骑着我的giant去大石东路的毛衣修补店，进到店里，正准备询问老板，咦，这不是老宋总嘛!他也在那儿修补衣服呢!

我怯怯地叫了一声：“宋总!”宋总打量了一下我，说：“你也来补衣服?”我说是。原以为，今天很幸运地碰到了宋总，在这样一个日常的场合里能聊两句，已经是很开心，很幸运了。正准备离店推动我的自行车，没想到，宋总也跟上来了，打量了一下我的自行车，饶有兴致地问：“你这个是几速的?变速器这些是不是shimano牌的?这个牌子世界有名!”他跟我说，他也有一辆可以变速的自行车，好久没骑，都坏了。聊完，宋总骑着他的老式自行车走了。当时，因为忐忑，没有想到应该帮着老宋总去修一下自行车，或者哪怕是推荐一个最近的可以维修的地方也好啊!现在想起来，真的是有一点点的后悔……宋总，您一路走好!

（一部 成洁）

成都飞机设计研究所员工回忆与宋文骢偶遇的生活小事

2007 年，宋文骢夫妇与成都飞机设计研究所院士办工作人员一起补过中秋佳节

2008 年，庆祝歼 10 飞机首飞十周年（左起为耿汝光、谢光、宋文骢、刘高倬、雷强）

2013 年，宋文骢参加成都飞机设计研究所二部新年聚会

2010 年，宋文骢夫妇和谢品夫妇

2013 年，宋文骢和同事们一起翻看老照片

二、后辈茁壮成栋梁，薪火相传力无疆

（一）引领青年成长成才

宋文骢拒绝诸多采访、宴会等活动，却喜欢参加研究室举办的青年成长之路座谈会、青年科技成果表彰、青年单身迎新春晚会等活动，和年轻的航空人畅谈理想、感悟人生、交流心得，让年轻的同志带着问题来，满载收获归。

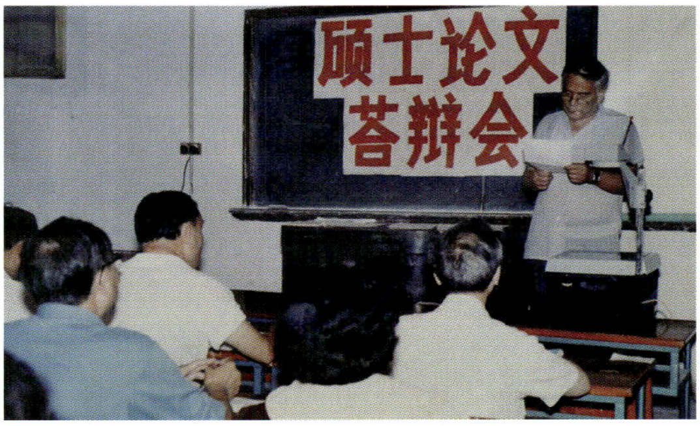

宋文骢作为导师参加成都飞机设计研究所硕士论文答辩会

1989 年 1 月 14 日，宋文骢（左一）参加成都飞机设计研究所首届青年科技成果表彰大会

2006 年 11 月 3 日，宋文骢参加成都飞机设计研究所三室青年科技论坛

2009 年 4 月，宋文骢参加成都飞机设计研究所一室组织的踏春活动

2007 年，宋文骢为年轻同志签名

2011 年 1 月，宋文骢为单身青年迎新春晚会抽奖

2004年的“五四”青年节，青年们特邀宋文骢一起攀登成都龙泉山，宋文骢欣然前往，已经74岁高龄的他爬山依然坚持着“独辟蹊径，哪陡往哪爬”的原则，将年轻人远远地甩在身后。到达顶点，立于高山之巅，举目望去，满目苍翠，碧空万里，江山千里如画，宋文骢豪情满怀，即兴赋诗一首：老马信步小众山，青骥奋蹄白云端。深幽崎峻通天路，同心无畏任我攀。

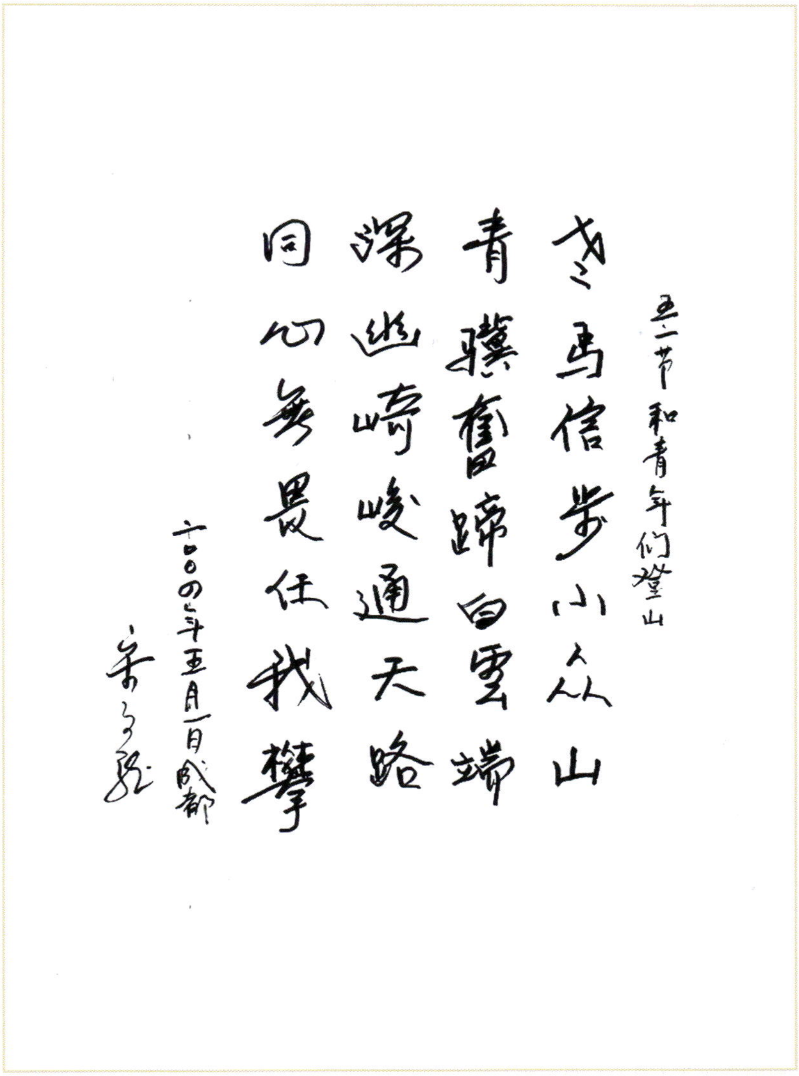

2004年“五四”青年节，宋文骢与成都飞机设计研究所青年一同登山有感，赋诗一首

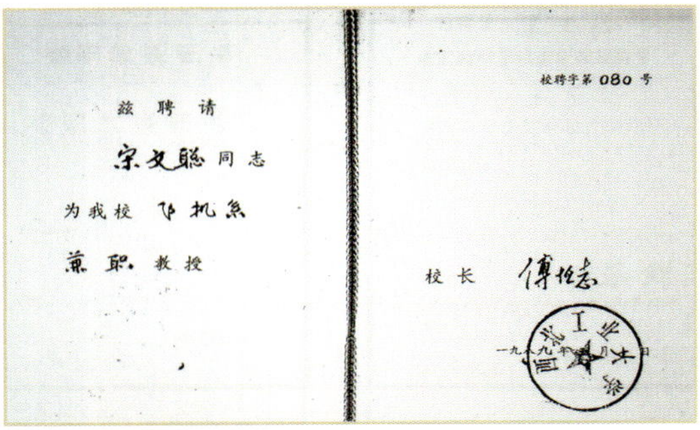
校聘字第080号

兹聘请

宋文骢同志

为我校飞机系

兼职教授

校长 傅恒志

一九八九年 月 日

1989年，西北工业大学聘请宋文骢为兼职教授的聘书

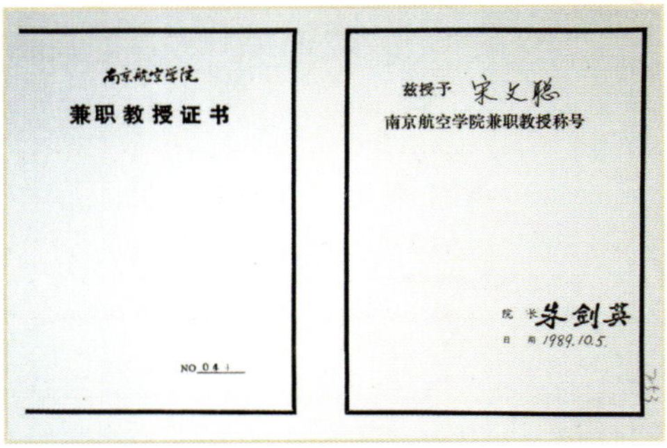
南京航空学院

兼职教授证书

NO 041

兹授予 宋文骢

南京航空学院兼职教授称号

院长 朱剑英

日期 1989.10.5.

1989年，宋文骢任南京航空学院兼职教授的证书

聘书

兹聘请 宋文骢同志

为我校兼职教授

北京航空航天大学

校长 沈士团

一九八九年十二月一日

聘字 第890081号

1989年，北京航空航天大学聘请宋文骢为兼职教授的聘书

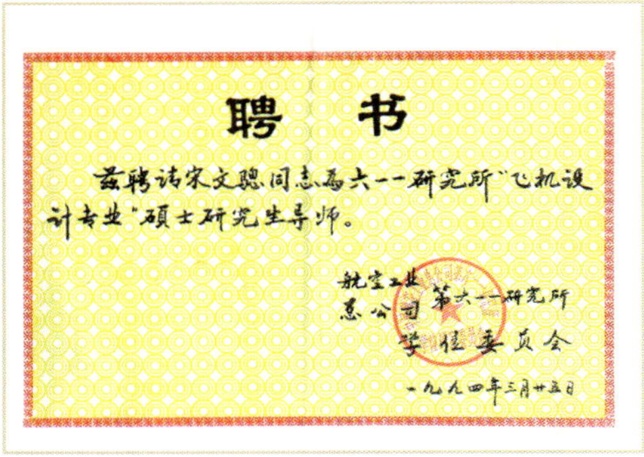
聘书

兹聘请宋文骢同志为六一一研究所"飞机设计专业"硕士研究生导师。

航空工业总公司第六一一研究所学位委员会

一九九四年三月廿五日

1994年，成都飞机设计研究所聘请宋文骢为硕士研究生导师的聘书

宋文骢还担任了西北工业大学、南京航空学院（现南京航空航天大学）、北京航空航天大学、成都飞机设计研究所、国防科技大学、空军第一航空学院（现空军工程大学航空机务士官学校）等研究所和高校的兼职教授或顾问教授，在航空单位、院校开展讲座、指导学生，为国家培养航空接班人贡献力量。

聘书

宋文骢 同志：

兹聘请您为国防科学技术大学兼职博士研究生指导教师。

中国人民解放军
国防科学技术大学
二〇〇六年五月

2006年，国防科学技术大学聘请宋文骢为兼职博士研究生指导教师的聘书

2009 年 7 月 15 日，宋文骢为房元鹏（现任成都飞机设计研究所副总设计师）授予博士学位

2009 年 7 月 15 日，宋文骢为王阳（现任成都飞机设计研究所副总设计师）授予硕士学位

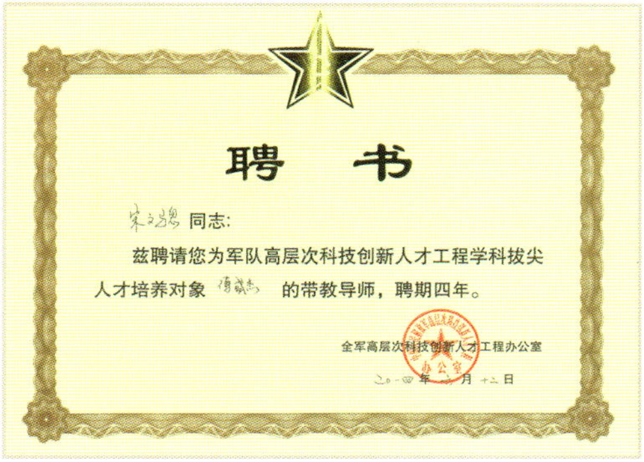

聘　书

宋文骢 同志：

兹聘请您为军队高层次科技创新人才工程学科拔尖人才培养对象 傅盛杰 的带教导师，聘期四年。

全军高层次科技创新人才工程办公室

二〇一四年　月十二日

2014 年，全军高层次科技创新人才工程办公室聘请宋文骢为傅盛杰（现空军研究院某研究所所长）的带教导师的聘书

宋文骢在高校讲学的课堂实景

（二）带领团队成长壮大

飞机设计是一项复杂的系统工程，技术、经验的“传帮带”至关重要。歼10飞机立项后，宋文骢等科技工作者带领一群大学毕业不久的年轻人，搞论证、做试验，进行技术合作、仿真计算、工艺制造、试飞……1994年，江泽民总书记视察成都飞机设计研究所时，深有感触地说：“我到处都看到你们所里有很多年轻人在各个岗位上承担重任，我很高兴。真是‘我们村里的年轻人’，充满了希望啊！”

宋文骢要求歼10飞机的专业总师们不要坐在办公室，要到试验试飞一线去。历经歼10飞机研制的打磨，这批年轻人成就了一支具有先进理念、敢于创新、掌握着先进战机研发技术和经验的优秀团队，他们如今也成为站在航空科技前沿的技术专家与优秀人才，是中国航空工业的栋梁。

中国科学院院士杨伟，是这个团队中成长起来的杰出代表。杨伟在歼10飞机首飞成功后，接过宋文骢手中的后续工作，而宋文骢不论走到哪里都拉着杨伟自豪地告诉别人：“这个小伙子以后是要接我的班的啊！”杨伟后来担任歼10S/A/B/C型飞机、“枭龙”飞机及歼20飞机的总设计师，他曾经在采访中不止一次地提到，宋文骢是不嫌他稚嫩领他进门的老师，是在他犹豫不决时指路的明灯。

2005年5月，宋文骢（右）和杨伟（左）一起参加会议

2005年1月13日，杨伟（左）在宋文骢办公室

2006 年，宋文骢（右）和杨伟（左）一起参加会议

2007 年，在歼 10 飞机新闻发布会上，宋文骢（右）和杨伟（左）合影

中国工程院院士、成都飞机设计研究所总设计师王海峰也是歼 10 飞机研制团队中的骨干力量，他还是宋文骢带出来的第一位硕士研究生。2018 年，由王海峰担任总师的歼 10B 推力矢量验证机，在珠海航展成功展示“眼镜蛇”“落叶飘”等五种国际公认的过失速超机动飞行动作，填补了国内技术空白，使中国成为世界上第三个掌握推力矢量技术的国家。宋文骢曾说：“我们要有一架在世界上能够站得住脚的战机。”他的接力棒被稳稳地接住并传递着。

1990 年 2 月，宋文骢（前排左二）参加王海峰（前排左一）硕士研究生毕业答辩的合影

王海峰（左）与导师宋文骢（中）在硕士学位授予仪式上的合影

1998 年 3 月，杨伟（左一）、王海峰（左二）和宋文骢（右二）一起参加成都飞机设计研究所九室庆祝活动

2018 年，歼 10B 推力矢量验证机在珠海航展上展示过失速超机动飞行动作

刘高倬在《歼10飞机研制史》总序中总结道，“经过20年的磨砺，我们造就了一支善打硬仗的队伍，成功完成新老交替。老一辈同志把接力棒交给了年轻同志，年轻同志奋发向上，在实战中得到了锻炼，一批朝气蓬勃的年轻人已经成长起来了”。这支队伍继续研制了歼10S/A/B/C型飞机，实现歼10飞机系列化发展，并实现歼10双座机（歼10S）成为中国军机研制中第一个没有“拖进度、降指标、涨经费”的大型武器研制项目；最难的是，在歼10S飞机按期研制的同时还开展了“枭龙”飞机的研制，如今以“枭龙”、歼10CE为代表的军贸产品已经成为中国制造走向世界的一张新名片；团队后续又研制了歼20飞机，构建起“猛龙”“枭龙”“威龙”为代表的“龙系列”战斗机品牌；团队研制的系列侦察、打击无人作战装备也已经形成中国空军的新质作战力量，使中国在无人机技术领域跻身世界先进行列。

2010年12月17日，宋文骢参加成都飞机设计研究所建所四十周年庆典之薪火传承仪式

2010年12月17日，宋文骢参加成都飞机设计研究所建所四十周年庆典合影

2003 年，“枭龙”飞机研制项目荣获 2003 年国防科技工业武器装备型号研制（重大阶段）银奖

2012 年，“某型高空高速无人侦察机”项目获中航工业技术创新基金十周年优秀项目

2018 年，“翼龙”1 无人机系统荣获第五届中国工业大奖表彰奖

2024 年，歼 20 飞机研制团队荣获“国家卓越工程师团队”称号

（三）助力航空事业走得更高更远

歼 10 顺利完成首飞后，宋文骢又开始探索下一代战斗机的气动布局设计。2001 年，他在《中国工程科学》发表的《一种小展弦比高升力飞机的气动布局研究》一文，为中国四代机的问世打下了坚实的理论基础。文中提出设计一种未来战斗机方案，采用“升力体边条翼鸭式布局”，“它在纵向是静不稳定的，在偏航方向也放宽了静稳定（裕）度。该方案采用小展弦比中等后掠角机翼、较大面积的上反鸭翼和比常规战斗机垂尾面积小一个量级的全动垂尾，并且采用腹部进气形式和 S 弯进气道。”后来的歼 20 飞机正是以此方案为基础发展而成。

一种小展弦比高升力飞机的气动布局研究

2001 年，宋文骢发表的《一种小展弦比高升力飞机的气动布局研究》论文首页

宋文骢先后担任总装备部飞机总体技术专业组顾问、“国家大型空气动力研究试验设备设施平台建设规划研究工作”专家组成员、《航空科学技术丛书》编审委员会顾问、总装备部科学技术委员会兼职委员、中国空气动力学会低跨超声速专业委员会第六届专委会荣誉顾问等职务。他始终关注航空事业的未来发展，为祖国航空装备的研制发挥自己的光和热。

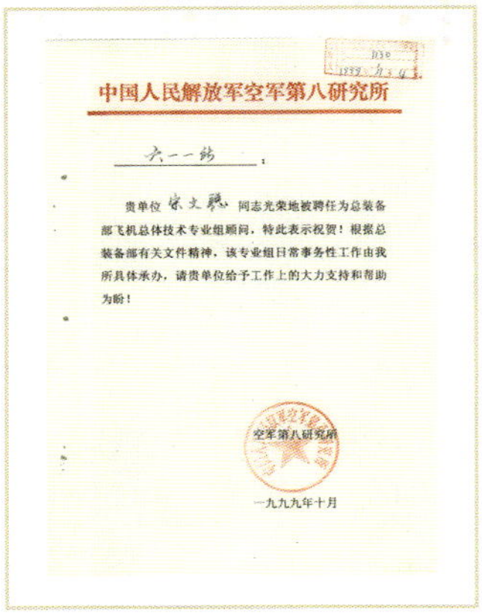
中国人民解放军空军第八研究所

六一一所：

贵单位宋文骢同志光荣地被聘任为总装备部飞机总体技术专业组顾问，特此表示祝贺！根据总装备部有关文件精神，该专业组日常事务性工作由我所具体承办，请贵单位给予工作上的大力支持和帮助为盼！

空军第八研究所

一九九九年十月

1999 年，宋文骢被聘任为总装备部飞机总体技术专业组顾问

宋文骢在为《飞机设计手册》作序时写道：“现代先进战斗机是多学科多专业、高难度复杂综合体，不是单枪匹马或几个单位可以成就的，在研发过程中必须遵循严格的程序。”“实际上没有一成不变的事物，

聘書

宋文骢院士：

兹聘请您为“国家大型空气动力研究试验设备设施平台建设规划研究工作”专家组成员。

科学技术部条件财务司 总装备部司令部

二〇〇五年八月二十六日

2005 年，科学技术部、总装备部聘请宋文骢为“国家大型空气动力研究试验设备设施平台建设规划研究工作”专家组成员的聘书

聘 书

兹聘请宋文骢同志为《航空科学技术丛书》编审委员会顾问。

中国航空学会

二〇〇五年十二月十日

2005 年，中国航空学会聘请宋文骢为《航空科学技术丛书》编审委员会顾问的聘书

聘 书

兹聘请 宋文骢 同志为中国人民解放军总装备部科学技术委员会兼职委员。

二〇〇七年三月

2007 年，总装备部聘请宋文骢为科学技术委员会兼职委员的聘书

聘 书

兹聘任宋文骢同志为中国空气动力学会低跨超声速专业委员会第六届专委会荣誉顾问。

中国空气动力学会
低跨超声速专业委员会

二〇一〇年九月

2010 年，中国空气动力学会低跨超声速专业委员会聘请宋文骢为第六届专委会荣誉顾问的聘书

在飞机研制中始终不变的只是我们设计研制的飞机必须符合当前和未来一定时期内不断发展的客观实际，研制程序也不例外。”

宋文骢在为《臭鼬工厂传奇》作序时写道：“今天，许多企业和研究机构都在探寻创新的奥秘，臭鼬工厂的先进方法与基本经验无疑可供我们学习与借鉴。但是，一切都在发展变化之中，没有一成不变的事物。中国航空工业已经具备自主研发能力，但仍然任重道远。随着科学技术的发展，我们必然会面临新的挑战，也必然会遇到新的问题，但是要想成功必须走符合中国实际、中国特色之路，这大概不会变。”

宋文骢始终拥抱变化，在军用航空技术发展方面的眼光极其敏锐。早在20世纪80年代中后期他就领导成都飞机设计研究所空天项目的预研，多次不顾高龄亲临试验现场进行指导；之后又指导成都飞机设计研究所开展高端无人机的技术研究，对“翼龙”等无人机的研制、产业化发展及外贸拓展都给予了极大支持和帮助。宋文骢在空天和无人机技术方面独到的前瞻眼光，推动了中国在这两个领域的技术发展。他不仅是有人战斗机领域的卓越功臣，也是空天和无人机技术领域的先行开拓者。

宋文骢参与《飞机设计手册》编审工作荣誉证书

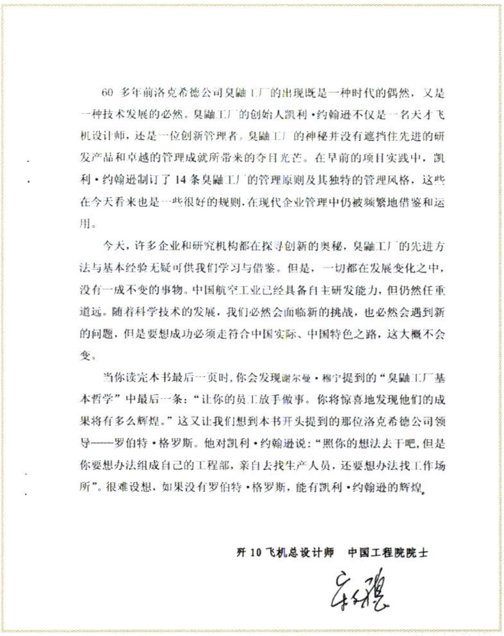
60 多年前洛克希德公司臭鼬工厂的出现既是一种时代的偶然，又是一种技术发展的必然。臭鼬工厂的创始人凯利·约翰逊不仅是一名天才飞机设计师，还是一位创新管理者。臭鼬工厂的神秘并没有遮挡住先进的研发产品和卓越的管理成就所带来的夺目光芒。在早前的项目实践中，凯利·约翰逊制订了14条臭鼬工厂的管理原则及其独特的管理风格，这些在今天看来也是一些很好的规则，在现代企业管理中仍被频繁地借鉴和运用。

今天，许多企业和研究机构都在探寻创新的奥秘，臭鼬工厂的先进方法与基本经验无疑可供我们学习与借鉴。但是，一切都在发展变化之中，没有一成不变的事物。中国航空工业已经具备自主研发能力，但仍然任重道远。随着科学技术的发展，我们必然会面临新的挑战，也必然会遇到新的问题，但是要想成功必须走符合中国实际、中国特色之路，这大概不会变。

当你读完本书最后一页时，你会发现谢尔曼·穆宁提到的“臭鼬工厂基本哲学”中最后一条：“让你的员工放手做事。你将惊喜地发现他们的成果将有多么辉煌。”这又让我们想到本书开头提到的那位洛克希德公司领导——罗伯特·格罗斯。他对凯利·约翰逊说：“照你的想法去干吧，但是你要想办法组成自己的工程部，亲自去找生产人员，还要想办法找工作场所”。很难设想，如果没有罗伯特·格罗斯，能有凯利·约翰逊的辉煌。

歼10飞机总设计师　中国工程院院士

宋文骢为《臭鼬工厂传奇》一书作序

三、春回时节念英贤，悠悠光华耀星汉

（一）深切的哀悼

2016 年 3 月 22 日，宋文骢因病医治无效，在北京不幸逝世，享年 86 岁。宋文骢逝世后，党和国家领导人、有关单位及个人以多种形式表示深切哀悼。3 月 25 日，歼 10 飞机研制战线上的老朋友们，包括王昂、刘高倬、晏翔、汤连刚、杨廷阔、成志明、薛炽寿等，在航空工业集团总部一起深切怀念宋文骢。3 月 26 日上午 10 点，宋文骢同志告别仪式在北京举行，人们怀着极为沉痛的心情，与他作了最后的告别。

人民日报

【生日快乐，18岁的帅小伙】18年前的今天，歼-10首飞成功。歼-10战斗机总设计师宋文骢曾说过，歼-10首飞之日就是他的生日。而昨天，宋文骢先生永远离开了我们 在那个中国军工无比艰难的年代，国产歼-10战机撑起了国人心中的希望。让我们转发这条微博，祝歼-10生日快乐，缅怀宋文骢先生。@军报记者

17分钟前 来自 人民日报微博

收藏 转发 308 评论 99 937

《人民日报》官方微博发布宋文骢辞世的消息

【专题 SPECIAL】

深切怀念宋文骢院士

2016 年 3 月 22 日，“歼 -10 飞机之父”宋文骢院士因病在北京去世，享年 86 岁，从此离开了他为之奋斗一生的航空事业。

宋文骢院士逝世后，航空科技界及社会各界人士用各种方式纪念这位为第三代战机发展立下丰碑的飞机设计师，缅怀宋老感人事迹。3 月 25 日，当宋文骢院士的老朋友们来到中国航空工业集团公司总部，坐在一起回忆那些攻关奋战的年月时，止不住深切思念的泪水。

宋宏斌（中航工业新闻发言人、特级专务兼办公厅主任）：各位领导，各位媒体朋友，几天前咱们非常尊敬的宋文骢院士不幸在北京去世，享年 86 岁。3 月 26 日是宋院士真正的生日，这一天将在八宝山革命公墓举行宋院士告别仪式，悼念和缅怀宋文骢院士为国家、为国防建设、为航空事业发展所做的贡献。

今天我们在这里举行宋文骢院士追思会，专门请来了宋院士生前的领导、好友，通过讲述宋院士生活和工作中的点点滴滴，共同追思宋院士追求航空报国、救国、强国的一生。

王昂（试飞英雄，歼 -10 项目原行政总指挥）：应该说，在我们国家研制第三代战斗机过程中，宋文骢院士是一个先驱者，也是一个技术带头人。他不仅研制出中国至今为止还是非常先进的、在世界也排得上号的第三代战斗机，而且空军在使用过程中对飞机的评价也是“非常优秀”；飞机性能在各种对抗演习当中，都名列前茅。同时，他为我们培养出了一支能够研制三代以上战斗机的设计队伍，为我们今后长远发展奠定了一个很好的基础，这是我想说的第一点。

第二点是，我们都知道飞机的设计是最具有创造性的劳动。作为飞机总设计师，他具有很多优秀的特质，这是我与他交往 12 年当中深深感受到的。作为总设计师，他在研制过程中充分发挥了他的特质，第一是非常实事求是，第二是非常有胆量，第三他处理问题果断，第四是平易近人，团结大家，使这支队伍不断健康发展。

这些特质决定了他能够研制出歼 -10 这么优秀的战机，具有技术带头人所特有的品德；不仅自己做得好，而且带出了一支优秀的队伍。

刘高倬（歼 -10 项目原行政总指挥）：我接着王昂副部长发言。这个星期我都沉浸在缅怀和悲痛当中。我从来不失眠，现在接连好几天都失眠了。3 月 23 日是歼 -10 首飞纪念日，也是宋总的生日。我们像往年一样聚会，但是这一次的主题是缅怀和追思宋总。

宋文骢的名字大家都知道，跟歼 -10 紧紧相连。他为歼 -10 首飞改了自己的生日，大家称为他“歼 -10 之父”，当之无愧。而歼 -10 这个型号又跟我们伟大祖国航空事业的腾飞息息相关。歼 -10 研制成功、并交付部队、形成战斗力，标志着我国的航空事业或者说我们的研发、生产已经迈入了世界先进行列。

宋总不仅仅是为歼 -10 研制成功做出了巨大贡献，更是为祖国航空事业的发展做出了卓越贡献。我们永远记住宋总，他永远活在我们的心里。

宋总走了，他留下了歼 -10 这么一个伟大的型号，更重要的是他留下了一种精神——对伟大祖国的忠诚、对航空事业的热爱。他用毕生精力开拓创新，为祖国航空事业追赶发达国家的水平鞠躬尽瘁。他埋头苦干，默默奉献的精神是留给我们最最宝贵的财富。

我跟宋总的交集源于歼 -10。1997 年歼 -10 项目第一任行政总指挥王昂副部长退出一线，我接了王副部长的班。在成都研制现场与厂所的同志以及一线的同志交流，与宋总朝夕相处，是我一生中收获最大、最宝贵的财富。

几代航空人为了祖国的航空事业，奉献着忠诚、热爱、智慧、才华乃至于生命。宋总就是一座伟大的丰碑，他永远在我的心中。在今天这样的时刻，我想起当年 5 个多月朝夕相处时一些小事情。我想表达的是，宋总的确是我的良师益友。

第一个是他讲的一句话。我记得快要首飞之前，我专门和宋总谈了一次，这次谈话让我终身难忘。他第一句话告诉我说“我是单数，我跟你一样”。单数意味着什么？我想至少是两个含义。首先，总设计师只有一个，我不仅是所里的设计师，还是项目的总设计师，复数可以有很多。单数意味着担当，作为总设计师，所有的技术责任我要担当。第二个要能够担当起来，我就得在第一线了解第一手材料。说句老实话，这两点指导了我此后所有的工作，包括在集团当“一号”。我总是想宋总说的单数的意思，努力去做。这让我受益匪浅。

第二个是小故事，讲的是一件礼物。首飞快要成功了，也就是首飞的前两天，他悄悄地跟我说：刘总，首飞完了送你一个礼物。我问送什么？他说到时候再说。首飞成功，按照惯例晚上是庆功宴，有很多领导参加。在这之前宋总悄悄给了我一个小酒杯，普通得不能再普通，玻璃的，外观看起来很大，内壁是圆锥形，倒进的酒很少。什么意思呢？他告诉我，庆功宴的时候你拿这个杯子，大家都很激动，别喝醉了，你就拿这个杯子。

当时，我浑身一下子一股热流涌了上来，这叫大爱，由衷的爱。你自己都想不到的小事，他作为这么大一个总设计师，他帮我想到了。这个酒杯是宋总给我唯一的也是最好的礼物，让我学会了要爱你的同事和家属，大家一起来做事业。

对我来讲，宋总既是良师又是益友。现在宋总走了，留下了一批他的学生，像今天在座的杨伟。

航空档案 AVIATION ARCHIVES 6

7 航空档案 AVIATION ARCHIVES

2016 年 3 月 25 日，歼 10 研制战线上的老朋友们回忆宋文骢（《航空档案》2016 年第 4 期刊登）

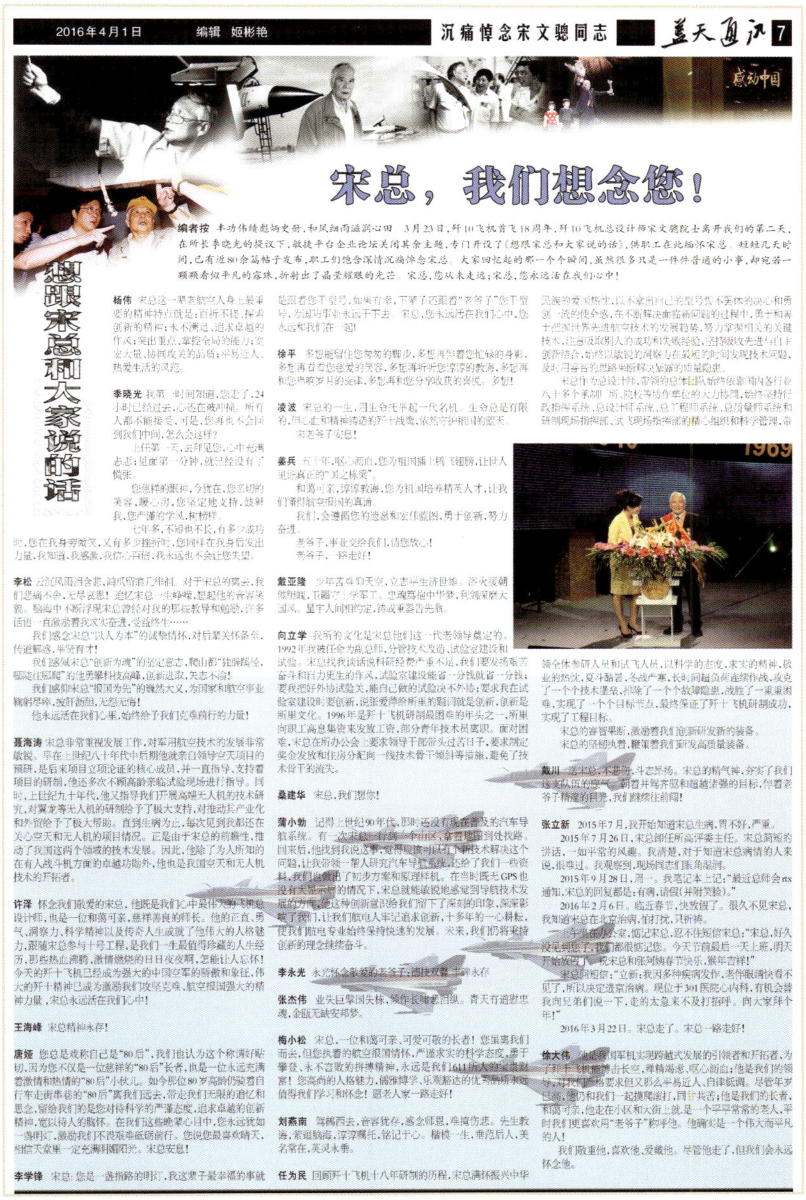

2016年4月1日　编辑　姬彬艳　沉痛悼念宋文骢同志　蓝天通讯　7

感动中国

宋总，我们想念您！

编者按　丰功伟绩彪炳史册，和风细雨滋润心田。3月23日，歼10飞机首飞18周年，歼10飞机总设计师宋文骢院士离开我们的第二天，在所长李晓光的提议下，敏捷平台企业论坛关闭其余主题，专门开设了《想跟宋总和大家说的话》，供职工在此缅怀宋总。短短几天时间，已有近80余篇帖子发布，职工们饱含深情沉痛悼念宋总。大家回忆起的那一个个瞬间，虽然很多只是一件件普通的小事，却宛若一颗颗看似平凡的露珠，折射出了晶莹耀眼的光芒。宋总，您从未走远；宋总，您永远活在我们心中！

想跟宋总和大家说的话

杨伟　宋总这一辈老航空人身上最重要的精神特点就是：百折不挠、探索创新的精神；永不满足、追求卓越的作风；突出重点、掌控全局的能力；宽宏大量、协同攻关的品格；平易近人、热爱生活的风范。

李晓光　我第一时间知道，您走了，24小时已经过去，心还在被冲撞。所有人都不能接受，可是，您再也不会回到我们中间，怎么会这样？

上任第一天，去拜见您，心中充满忐忑；见面第一分钟，就已经没有了慌张。

您慈祥的眼神，今犹在，您亲切的笑容，暖心房，您坚定地支持，鼓舞我，您严谨的学风，树榜样。

七年多，不短也不长，有多少成功时，您在我身旁微笑，又有多少挫折时，您同样在我身后发出力量，我知道，我感激，我信心百倍，我永远也不会让您失望。

李松　云沉风雨泪含悲，鸿爪留痕几徘徊。对于宋总的离去，我们悲痛不舍，无尽哀思！追忆宋总一生峥嵘，想起他的音容笑貌。脑海中不断浮现宋总曾经对我的那些教导和勉励，许多话语一直激励着我求实奋进，受益终生……

我们感念宋总"以人为本"的诚挚情怀，对后辈关怀备至，传道解惑，举贤育才！

我们感佩宋总"创新为魂"的坚定意志，爬山都"独辟蹊径，哪陡往哪爬"的他勇攀科技高峰，创新进取，矢志不渝！

我们感仰宋总"报国为先"的巍然大义，为国家和航空事业鞠躬尽瘁，披肝沥胆，无怨无悔！

他永远活在我们心里，始终给予我们克难前行的力量！

聂海涛　宋总非常重视发展工作，对军用航空技术的发展非常敏锐。早在上世纪八十年代中后期他就亲自领导空天项目的预研，是后来项目立项论证的核心成员，并一直指导、支持着项目的研制，他还多次不顾高龄亲临试验现场进行指导。同时，上世纪九十年代，他又指导我们开展高端无人机的技术研究，对翼龙等无人机的研制给予了极大支持，对推动其产业化和外贸给予了极大帮助。直到生病为止，每次见到我都还在关心空天和无人机的项目情况。正是由于宋总的前瞻性，推动了我国这两个领域的技术发展。因此，他除了为人所知的在有人战斗机方面的卓越功勋外，他也是我国空天和无人机技术的开拓者。

许泽　怀念我们敬爱的宋总，他既是我们心中最伟大的飞机总设计师，也是一位和蔼可亲，慈祥善良的师长。他的正直、勇气、洞察力、科学精神以及传奇人生成就了他伟大的人格魅力，跟随宋总参与十号工程，是我们一生最值得珍藏的人生经历，那些热血沸腾，激情燃烧的日日夜夜啊，怎能让人忘怀！今天的歼十飞机已经成为强大的中国空军的骄傲和象征，伟大的歼十精神已成为激励我们攻坚克难、航空报国强大的精神力量，宋总永远活在我们心中！

王海峰　宋总精神永存！

唐娅　您总是戏称自己是"80后"，我们也认为这个称谓好贴切，因为您不仅是一位慈祥的"80后"长者，也是一位永远充满着激情和热情的"80后"小伙儿。如今那位80岁高龄仍骑着自行车走街串巷的"80后"离我们远去，带走我们无限的追忆和思念，留给我们的是您对待科学的严谨态度，追求卓越的创新精神，宽以待人的胸怀。在我们这些晚辈心目中，您永远犹如一盏明灯，激励我们不畏艰难砥砺前行。您说您最喜欢晴天，相信天堂里一定充满明媚阳光。宋总安息！

李学锋　宋总：您是一盏指路的明灯，我这辈子最幸福的事就是跟着您干型号，如果有幸，下辈子还跟着"老爷子"您干型号，为国防事业永远干下去。宋总，您永远活在我们心中，您永远和我们在一起！

徐平　多想能留住您匆匆的脚步，多想再伴着您忙碌的身影，多想再看看您慈爱的笑容，多想再听听您谆谆的教诲，多想再和您唱响岁月的旋律，多想再和您分享收获的喜悦。多想！

凌波　宋总的一生，用生命托举起一代名机。生命总是有限的，但心血和精神铸造的歼十战鹰，依然守护祖国的蓝天。

宋老爷子安息！

姜兵　五十年，呕心沥血，您为祖国插上腾飞翅膀，让世人见证真正的"国之栋梁"。

和蔼可亲，谆谆教诲，您为祖国培养精英人才，让我们懂得航空报国的真谛。

我们，会遵循您的遗愿和宏伟蓝图，勇于创新，努力奋进。

老爷子，事业交给我们，请您放心！

老爷子，一路走好！

戴亚隆　少年苦难仰天空，立志平生济世雄。泠火援朝筑胆魄，卫疆守土学军工。忠魂驾驭中华梦，利剑深磨大国风。星宇人间相约定，铸成重器告先翁。

向立学　我所的文化是宋总他们这一代老领导奠定的。1992年我被任命为副总师，分管技术改造、试验室建设和试验。宋总找我谈话说科研经费严重不足，我们要发扬艰苦奋斗和自力更生的作风，试验室建设能省一分钱就省一分钱；要我把好外协试验关，能自己做的试验决不外协；要求我在试验室建设时要创新，说张爱萍给所里的题词就是创新，创新是所里文化。1996年是歼十飞机研制最困难的年头之一，所里向职工高息集资来发放工资，部分青年技术员离职。面对困难，宋总在所办公会上要求领导干部带头过苦日子，要求制定奖金发放和住房分配向一线技术骨干倾斜等措施，避免了技术骨干的流失。

桑建华　宋总，我们想你！

蒲小勃　记得上世纪90年代，那时还没有现在普及的汽车导航系统。有一次宋总一行到一个山区，拿着地图到处找路。回来后，他找到我说这事，觉得应该可以用新技术解决这个问题，让我带领一帮人研究汽车导航系统，还给了我们一些资料，我们也做出了初步方案和原理样机。在当时既无GPS也没有北斗系统的情况下，宋总就能敏锐地感觉到导航技术发展的方向，他这种创新意识给我们留下了深刻的印象，深深影响了我们，让我们航电人牢记追求创新，十多年的一心耕耘，使我们航电专业始终保持快速的发展。未来，我们仍将秉持创新的理念继续奋斗。

李永光　永远怀念敬爱的老爷子：德技双馨　丰碑永存

张杰伟　业失巨擘国失栋，师作长啸悲泪纵。青天有道慰忠魂，金瓯无缺安邦梦。

梅小松　宋总，一位和蔼可亲、可爱可敬的长者！您虽离我们而去，但您执着的航空报国情怀，严谨求实的科学态度，勇于攀登、永不言败的拼搏精神，永远是我们611所人的宝贵财富！您高尚的人格魅力，儒雅博学、乐观豁达的优秀品质永远值得我们学习和怀念！愿老人家一路走好！

刘燕南　驾鹤西去，音容犹存，感念师恩，难掩伤悲。先生教诲，萦绕脑海，谆谆嘱托，铭记于心。楷模一生，垂范后人，美名常在，英灵永垂。

任为民　回顾歼十飞机十八年研制的历程，宋总满怀振兴中华民族的爱国热忱，以不拿出自己的型号誓不罢休的决心和勇创一流的使命感，在不断解决面临新问题的过程中，勇于和善于把握世界先进航空技术的发展趋势，努力掌握相关的关键技术，注意吸取别人的成功和失败经验，坚持吸收先进与自主创新结合，始终以敏锐的洞察力在最短的时间发现技术问题，及时用睿智的思路果断解决暴露的质量隐患。

宋总作为总设计师，带领的总体团队始终依靠国内各行业八十多个承制厂所、院校等协作单位的大力协同，始终坚持行政指挥系统、总设计师系统、总工程师系统、总质量师系统和研制现场指挥部、试飞现场指挥部的精心组织和科学管理，带领全体参研人员和试飞人员，以科学的态度，求实的精神，敬业的热忱，夏斗酷暑，冬战严寒，长时间超负荷连续作战，攻克了一个个技术堡垒，排除了一个个故障隐患，战胜了一重重困难，实现了一个个目标节点，最终保证了歼十飞机研制成功，实现了工程目标。

宋总的睿智果断，激励着我们创新研发新的装备。

宋总的坚韧执着，鞭策着我们研发高质量装备。

戴川　老宋总，不老爷，斗志昂扬。宋总的精气神，夯实了我们这支队伍的底气，朝着并驾齐驱和超越诸强的目标，伴着老爷子精邃的目光，我们继续往前闯！

张立新　2015年7月，我开始知道宋总生病，胃不好，严重。

2015年7月26日，宋总卸任所高评委主任。宋总简短的讲话，一如平常的风趣。我清楚，对于知道宋总病情的人来说，很难过。我观察到，现场同志们眼角湿润。

2015年9月28日，周一。我笔记本上记："最近总师会rtx通知，宋总的回复都是：有病，请假（并附笑脸）。"

2016年2月6日。临近春节，快放假了。很久不见宋总，我知道宋总在北京治病，怕打扰，只祈祷。

一个人坐在办公室，惦记宋总，忍不住短信宋总："宋总，好久没见到您了，我们都很惦记您。今天节前最后一天上班，明天开始放假了。祝宋总和张阿姨春节快乐，猴年吉祥！"

宋总回短信："立新：我因多种疾病发作，老伴眼睛快看不见了，所以决定进京治病。现位于301医院心内科，有机会替我向兄弟们说一下，走的太急来不及打招呼。向大家拜个年！"

2016年3月22日。宋总走了。宋总一路走好！

徐大伟　他是我国军机实现跨越式发展的引领者和开拓者，为了歼十飞机能搏击长空，殚精竭虑、呕心沥血；他是我们的领导，对我们严格要求但又那么平易近人、自律低调。尽管年岁已高，他仍和我们一起摸爬滚打，同甘共苦；他是我们的长者，和蔼可亲，他走在小区和大街上就是一个平平常常的老人，平时我们更喜欢用"老爷子"称呼他。他确实是一个伟大而平凡的人！

我们敬重他，喜欢他，爱戴他。尽管他走了，但我们会永远怀念他。

成都飞机设计研究所内部专刊《蓝天通讯》"想跟宋文骢和大家说的话"栏目部分内容

（二）春天的思念

为了纪念宋文骢，成都飞机设计研究所在青羊园区内塑造了一座他的半身塑像，并在宋文骢逝世一周年纪念日举行落成仪式。塑像以1983年宋文骢主持歼7Ⅲ飞机技术协调会的照片为原型，由四川省雕塑学会会长、四川省美术家协会副主席邓乐先生创作。塑像左侧刻有宋文骢的生平介绍，右侧刻有2009年度《感动中国》组委会给予的颁奖词。此后，每年3月和4月，都有不少人前往献花，表达缅怀之情。这座塑像成为人们对宋文骢敬意和怀念的寄托。

宋文骢塑像原型图（1983年，宋文骢主持歼7Ⅲ飞机技术协调会）

成都飞机设计研究所科研区内的宋文骢塑像

（三）不朽的传承

油画《国家的脊梁》描绘了邓稼先、朱光亚、谢家麟、钱三强、钱学森、王淦昌、黄大年、吴文俊、宋文骢、王大珩十位为国家作出杰出贡献的科学家群像。画面的内核精神是“以身许国”，油画的背景是广阔的星空。创作者董卓说“那些闪亮的明星都是为了国家作出贡献的科学家们”，正是他们以智慧、勇气、担当和奉献，照亮民族复兴的征途。

从建立新专业，到谋划新机，再到自主研发，宋文骢一直走着打破陈规、革故鼎新的道路；从歼 9 飞机的积累与挫败，到歼 10 飞机的传奇与突破，再到歼 20 飞机、智能无人机、空天飞行器的跨越与创新，成都飞机设计研究所也一直在实现航空强国梦的路上锐意进取、创新超越；从修理到仿制，再到自主研发的跨越式发展，中国航空工业历经艰辛，自主创新，成就了如今的航空大国；从站起来、富起来到强起来，中华民族也迎来了伟大飞跃。杨伟院士曾总结过宋文骢这一辈老航空人身上最重要的精神特质：百折不挠、探索创新的精神；永不满足、追求卓越的作风；突出重点、掌控全局的能力；宽宏大量、协同攻关的品质；平易近人、热爱生活的风范。像宋文骢院士一样的科学家们，他们是历史长河中永不熄灭的星辰，璀璨夺目，照亮着后人前行的道路。这不朽的传承，会让世界见证中国力量的崛起，不断探索、不断超越，奋起拼搏、砥砺前行，共同书写中华民族伟大复兴的新篇章。

中国美术馆馆藏作品《国家的脊梁》（布面油画 288*480cm 2019 年 董卓作）

民解放軍佈

后　记

清代思想家、文学家龚自珍曰："欲知大道，必先为史。"

"档案见证新中国航空工业：航空人物系列丛书"的策划出版，是航空档案工作者深入贯彻习近平总书记对航空工业和档案工作重要指示批示精神，秉承"为党管档 为国守史 为航空装备服务"的初心和使命，就如何开发好、利用好航空档案素材，挖掘出深藏其中的精神宝藏，服务好新时代航空强国建设所进行的有益探索，是航空档案工作者对习近平文化思想的生动践行。

2024 年 2 月，该系列丛书的开篇之作《档案见证新中国航空工业：顾诵芬院士》一书正式出版，在行业内外及社会各界均收到较好的反响和评价。在中国航空工业集团党组领导将画册作为礼物送给顾诵芬院士时，得到了顾院士的认可和赞许。

行业和社会的认可，院士专家的鼓励，更加坚定了我们继续做好这项工作的信心。随后，航空工业档案馆便开始积极筹划系列丛书第二本书，即《档案见证新中国航空工业：宋文骢院士》的编撰出版。

前期院士档案进馆工作的高效开展，为本书的编辑出版打下坚实基础。而得益于编辑出版第一本书的过程中所积累的心得体会和一系列有益的探索，本书在确定主题、规划内容和结构、素材筛选以及排版设计等方面都进展得颇为顺利。这些都保证了本书按照计划完成编创并付梓。

八十六载风雨人生，他见证了中华民族历经苦难终迎来共和国的曙光，而至新世纪中国正崛起腾飞；五十六年春秋风华，他在航空战线上默默耕耘，坚持不懈，呕心沥血，无怨无悔，解决与攻克了众多航空领域的高新技术难题。在本书的编创过程中，我们前后 4 次召开会议进行研讨，走访和询问宋文骢亲属及与其一起工作过的人员数十人次，以保障素材的准确真实。这期间，也让我们对宋文骢院士报国强国，为祖国航空工业不懈奋斗的一生有了更全面、更清晰的认识，也是一次新中国航空工业发展史的再教育。

本书的策划、编辑和出版，得益于中国航空工业集团有限公司综合管理部、党群工作部，航空工业档案馆，成都飞机设计研究所，成都飞机工业（集团）有限责任公司，沈阳飞机设计研究所以及沈阳飞机工业（集团）有限公司等单位有关领导的指导、关心和支持；得益于航空工业档案馆、成都飞机设计研究所和成都飞机工业（集团）有限责任公司的通力协作；得益于晏翔、张福君、吴基伟、孙伟、司献华、程晓敏、张乘烨、张杰伟、吕剑、田霞、冷洪霞、刘宁、袁新立、彭文晶、卢建川，以及王建青等领导和专家的严格把关；得益于编创团队计红胜、齐元平、李佳佳、曹惠娟、丁照蕾、王忠、陈小红、龚倩、朱鹏、李媛媛、孙晋芳和高欣元的不懈努力。在本书编创出版的过程中，宋文骢的女儿宋凌、成都飞机工业（集团）有限责任公司党委宣传部徐博、成都飞机设计研究所原院士办行政秘书邓莉娜（已退休）、所（党）办张华林等为本书提供多幅图片、线索及档案查询帮助。此外，还选用了沈玲、李勇、谭超拍摄的多幅精美图片。在此，向为本书编撰出版付出辛勤劳动的各位领导和同志们致谢！

由于受年代久远和档案材料局限等影响，书中难免存在疏漏之处，恳请读者批评指正。

航空工业档案馆　　成都飞机设计研究所

2025 年 2 月

参考文献

[1] 张杰伟，舒德骑 . 鹰击长空 [M]. 北京：航空工业出版社，2010.

[2] 罗来勇 . 哈军工魂——中国国防科技人才培养纪实 [M]. 北京：中共中央党校出版社，1995.

[3] 中国航空工业集团有限公司编修史办公室 . 中国战斗机简史 [M]. 北京：航空工业出版社，2022.

[4] 汪亚卫 . 华夏龙腾——中国飞机发展侧记（1978—2020）[M]. 北京：航空工业出版社，2021.

[5] 刘鸿志 . 回忆与思考——刘鸿志回忆录 [M]. 北京：航空工业出版社，2010.

[6] 彭文晶，张杰伟 . 爱国者无私奉献的人生——记中国工程院院士、歼 10 飞机总设计师宋文骢 [N]. 中国航空报，2010—2—13.

[7] 马丽元，李昕葳 . 他是我的“引路人”——杨伟追忆恩师宋文骢 [N]. 中国航空报，2016—3—26.

[8] 朱西蓉 . 宋文骢：打造中国先进战机的宏伟志向 [J]. 国防科技工业，2009(1):2.

[9] 于达康， 戴其萼，孙仲康 . 不可能的任务：东风 113 战斗机研制始末 [J]. 世界航空航天博览 .2006(4):4.

[10] 马晓荣 . “大跃进”中全民办航空的教训 [J]. 中国军转民 .2017 (7).

民解放軍佈